親子de元氣アップ

やる氣スイッチが勝手に入っちゃう秘訣

塩谷隆治 著

セルバ出版

はじめに

言ってはいけない「勉強しなさい」

北海道で小中学生向けの学習塾を展開しておりますシオヤタカハルと申します。もと公立高等学校の教師で、みなさんには「しおちゃん」と呼んでいただいております。「元氣アップ」テーマの講演・研修講師でもあります。

ところで、あなたはお子さんに「勉強しなさい」と言った経験がありませんか？

実は、この「勉強しなさい」は学習を向上させるのに効果がないどころか、かえって逆効果となってしまうという研究データが発表されています。

「えっ！　そうなの？　そうは言っても『勉強しなさい』と言わないと、ホントにうちの子、勉強しないし…」

では、みなさんが上司や家族に「おい、それでやってるつもりなんか。ちゃんと仕事しなさいよ」と言われてやる氣が出るでしょうか。

「だらしないな～。時間あったよね。ちゃんと家事してくれる」などと言われたとしたら、いかがでしょうか。

激怒する方もいるかもしれませんね（笑）。

言われたらやる氣上がっちゃう！　という人もいるかもしれません。でも、そんな方はごくまれで、すでにいろんな力が高いレベルで整っている方でしょう。

子どもたちも同じです。親が勉強しなさいと言うほど、子どものエネルギーを奪ってしまっていると思ってください。

「じゃあ、いったいどうしたらいいの？……」

本書は、そんな保護者のみなさんの悩みや困り感を、少しでも小さくしたいと思って書きました。そして、保護者の皆さん自身が、元氣に笑顔に毎日を過ごせますように！　とたくさんエネルギーを注入しました。

私も、高校生娘と小学生息子、２児の父です。

やはり、我が子ほど難しいですね。それも痛感しています。

上手くいくときもあれば、上手くいかないときもありますよ。

いいんです。それで！

ただ、多くの保護者の方と接する中で、知っていたら、もっと肩の力を抜いて子育てできるのに！　そんなに悩まなくてもいいのに！　ミスコミュニケーションが減っていくのに！　と思う場面がたくさんあります。

保護者の皆さんの元氣アップ

←

お子さんの健やかな人間的成長

←

しあわせの連鎖

そんなつながりが生まれるよう、私の20年以上の教育研究・実践をまとめております。

私の大尊敬する鍵山秀三郎先生（イエローハット創業者・日本を美しくする会相談役）が、「頭のいい人になりましょう」とメッセージを送ってくださっています。

鍵山先生のいう本当に頭のいい人というのは、

「いつもいいことを考えて、いいことを実行する人」のことです。

頭がいいと聞いて、記憶力がいいとか、テストで高い点を取ったとか、そんなイメージがあるかもしれません。

そんなことじゃないんです！

『善い行いのできる人』それが本当の頭のよさ。その善き行いが連鎖していきますように。

鍵山先生は「掃除」の実践をずっと続けられました。

その掃除に多くの人が共感し、掃除運動が日本全国、そして海外にまで広がっております。

生き方そのものが、人の心に灯をともし続けているのです。

私の実践は、本当に本当にちっぽけなものですが、熱き思いだけは、絶やさすに、燃え続けております。

鍵山先生はじめ、生き方、あり方を「生き様」で見せてくださる方々のおかげです。

本当にありがとうございます。私は今も、静かに燃えています。あちっ。自分にさわっちゃった（笑）。

そんな「静かに燃える思い」で書かせていただいた本です。

本書を手に取ってくださり、本当に嬉しい！

この「はじめに」を読んでくださっている段階でハイタッチしたいです（ワタクシ、日本ハイタッチ普及協会の会長でもあります）。本当はハグしたいくらいです（笑）。ソーシャルディスタンスを保つために、ハイタッチもハグも控えておきます。

少しでも笑っていただきながら読んでもらいたい、という思いを込めながら「親が元氣アップして、子どものやる氣スイッチが入っちゃう秘訣」を55個にまとめています。

子育てを頑張ってしまっている親御さんが、悩まれていますね。もしくは、反抗期の子どもを目の前に、何をどうしたらよいかわからなくなっている方もいらっしゃいますね。

どうぞ、肩の力を抜いてお読みくださいね。

そして、最初にお伝えしたいのですが、本書を読みながら「今までの私のやり方が間違っていた」とか思わないでほしいのです。

本書は、みなさんをジャッジするための本ではありません。

お子様のプラスの変化を信じております。

また、お子様の変化以上に、皆さん自身の笑顔をイメージしています。

そのために、まず「手放す」ことから。

やらなくていいことを知り、手放す。ちょっと身軽になってほしい。

手放すと必要なことが入ってきます。動ける余裕が出てきます。

余裕が出てきたところで、やったほうがいいと思うことを、できるところから楽しくやっていきましょうか。

さあ、元氣アップ大作戦のはじまりです。

2020年11月

塩谷　隆治

☆元氣アップ&やる氣アップの秘訣1

「勉強しなさい」を手放す

親子de元氣アップ～やる氣スイッチが勝手に入っちゃう秘訣　目次

第3章　反抗期の子どもの接し方の秘訣とは

第４章　よくあるご質問より～この子のスイッチを入れる秘訣は

第5章　親自身の元氣アップ

第6章　小中学生の成績の上がる勉強のやり方とは

第1章　なぜ親は子どものやる氣をそいでしまうのか

1　よかれと思って……からの脱却

親がまずやること

なぜ親は子どものやる氣をそいでしまうのでしょうか。

それは、お子様が大切で愛するがゆえに、ついつい手をかけすぎてしまうからです。

よかれと思って、わが子のためにと思ってやっていることが、実は、成長を妨げることや、成果を下げることがあります。

また、親自身がイライラのエネルギーに満ちていたり、忙しすぎて余裕がなかったりする場合には、その親からのメッセージは、お子さんにとって「入っていきづらいもの」になっていきます。後の章でも触れますが、お子様が自分が壊れるのを防ぐために（自己防衛本能が働き）、スイッチを切っている可能性もあります。

まず親がやることは「手放す」ことです。

手放すとは、手を放すということ、つまりやめることです。

不思議と手放すと、色んなことが勝手に動き出します。また、するべき「ワクワクの行動をとる余裕」が出てきます。

お子様のために、と実践されていることが、もしかしたら、お子様の成長にブレーキかけているかもしれません。そのブレーキを緩めましょう。

「手放す」実践だけで、いろんな困り感が小さく、もしくは解決してしまうかもしれません。それくらいパワーのある実践です。

何を手放すか

まずやることは、「やること」を増やすのではなくて、「やめること」を決めちゃって減らしていく、手放していく。

手放すことは次の7個です。

- 「勉強しなさい」を手放す（「はじめに」で紹介）
- 「不機嫌」を手放す
- 「心配」を手放す
- 「失敗させないようにする」を手放す
- 「比べる」を手放す
- 「普通に育ってほしい」を手放す
- 「ねばならない」を手放す

そして、手放すと、あなた自身のエネルギーが上がってきます。

では、1つずつ見ていきましょう。

2　恐怖のがっかりした顔

顔で伝えてしまう

「あーあ、またこんなことやっちゃったのね」

「あなたって本当にダメな男ね」

「私の求める点数に達してないわね」

「もういい加減にしてくれる」

「なんで、ここ間違っちゃうわけ？」

「ホント、私をいらだたせるのね」

「察してよ。本当に氣が利かないわね」

これらはけっこうダメージを与えちゃうメッセージです。

「私、そんなセリフ、一言も言ったことないけど……」とお母さんの中には思った方がいるでしょう。そのとおり、お母さんは、たしかに、言ってはいないんです。でも、上記のメッセージを、顔で伝えるのがうまい人が結構いるんですね（笑）。

これを「恐怖のがっかりした顔」といいます。

激しく相手を消耗させる、ダメージを与える攻撃です。ボディーブローのように、あとからジワり効いてくるときもあります（笑）。ちなみに、無意識に、旦那さんにやっている方もいます。がっかりした顔をしながら、「よく頑張ったね」とか言ったり「私、全然怒ってないけど」という方もいらっしゃいますが、言葉と顔の不協和音状態でございます。

「やばっ！　ワタシ知らんまに、めっちゃひどい顔してるかも…」と反省するあなた。あなたは大丈夫、自分でヤバイかもと思える方は、修正できますし、相手へのダメージが少ない方です。

本当に重症な人は、自分の残念なエネルギーに氣がつけなくて、周りの人のエネルギーをどんどん奪ってしまいます。

「人生最大の罪は不機嫌である」とドイツの詩人であり自然科学者であるゲーテが言いました。

今、流行りのセルフコントロールとは、自分の機嫌を取れることです。これからの時代、自分で自分の機嫌を取れることがとても重要ですね。それを、大人たちが「日々の生活」で伝えていきませんか。最初は言葉なんていらない、顔です。顔！

まずは顔から

それにしても、不機嫌な大人ってみっともないです。

「老害」などという言葉も出てきましたが、その代表的な姿が「不機嫌な人たち」です。

世界一幸せな歌う講演家の古市佳央さんは「ほっこり笑顔」を広めています。ほっこり笑顔とは、15％の笑顔のこと。ものすごい満面の笑顔じゃなくていい。「多くの方が、ほっこり笑顔を意識するだけで、世の中はもっと明るくステキになる」と伝え続けています。

素晴らしい活動ですね。私も古市さんの活動を応援しながら、自分でも「ほっこり笑顔」を意識しています。

まずは「顔」からいきましょうか。

すぐにできなくていいのです。氣が付いたときに、ほっこり笑顔で。

> ☆元氣アップ＆やる氣アップの秘訣2
> 「不機嫌」を手放し、ほっこり笑顔

3　エネルギーをごっそり奪う心配

心配のエネルギー

色々心配なことってありますよね。

心配とは心を配ると書き、一見、その人のことを思って、愛があふれるように見えたり、感じたりします。

「私、あなたのことが心配なのよ」

「あなたの将来が心配で、夜も眠れないわ」

「あなたのことを心配して、お父さんこんなことを言っていたわよ」

ただ、そのエネルギーを受け取った方は、なんだか元氣を失っていくことが多いです。

なぜなら、そもそも人にする心配のエネルギーって、『あなたが、それをできない』と思っているエネルギーだからです。

「あなたはできる！」と信じていたら、心配しませんから。

できないと思っているから心配する。うまくいかないと思っているから心配する。つまり、この心配のエネルギーによって、無意識のうちに相手のエネルギーを奪っているのです。

信じるエネルギー

じゃあどうしたらよいのか。

その心配のエネルギーを「信じる」エネルギーに変換してあげるのです。

「信じる」とは『あなたはできる』と思うエネルギーです。

発するエネルギーを、自分も相手も消耗しない良質なものに変換していく。

エネルギーを受け取る方のことを考えていきましょう。

例えば、不登校の生徒さんなども、自分が親に心配ばかりかけていると思うと、もっと動けなくなったり、つらくなったりすると言います。親自身が、自分の人生を輝かせる姿を見て、お子さんにも生きる勇氣や希望が生まれてくるというケースが多いですね。

また心配のエネルギーから「共依存」に陥ってしまい、うまくいっていないケースもあります。「心配する」と「信じる」の話を、保護者向けの講演などでしますと、「母からの『心配なのよ』という言葉が重たかった理由がわかりました」と感想を届けてくださる方も多いです。実は、母からの呪縛とともに生きている方も多い。呪縛の連鎖を断ち切りませんか。

それでも「しおちゃん、私……すごい心配症で……」と思う方、あなたの氣持ちはよくわかります。

心配することが、すべて悪いわけではないです。仕事においても、心配は重要な準備、予防策、次なる一手につながることがあります。

ただ、子育て（人育て）という視点から考えると、信じるエネルギーのほうがプラスに生きてきます。まずは、お子様への「心配のエネルギー」を解き放ち、少しずつ「信じるエネルギー」に変えていきましょうか。

☆元氣アップ＆やる氣アップの秘訣3

「心配」を手放し、信じる

4　失敗は大切な経験

信じることと成長の邪魔をしないこと

子育てにおいて大事なのは、子どもを信じることと、子どもの成長の邪魔をしないことの２つです。つまり「心配する」を手放して信じること。そして、ここでお話しする「成長の邪魔をしない」ために、失敗（経験）をたくさんさせることです。

親御さんが、子どもに失敗をさせてはかわいそうだと、先回りしてお子様の直面すべき大切な壁を取り除いてしまうことがあります。失敗は成長にとって、とても大事なものなのです。世の中の成果を上げている経営者や、社会貢献をしている方々、笑顔をプロデュースし続ける方、すべてが失敗しない方たちではなく、失敗から学び挑戦し続けている方です。

まずは、失敗のイメージを変えちゃいましょう。

・失敗と書いて「けいけん」と読む　五日市　剛
・失敗と書いて「せいちょう」と読む　野村克也
・成功と失敗？　成功と成長しかないのだよ　福島正伸
・まちがいは存在すらしない　AKIRA「パズル」

もちろん、大人になってからでも学びは続きます。『失敗がダメなものである』というものさしが、失敗を恐れて動けなくなってしまうことにつながってしまうことがあります。

現在の教育現場でも、トラブル回避、危機管理が重要なテーマになっています。子どもの大切な「社会経験」である「失敗経験」のチャンスがどんどん奪われています。

「この激動の世の中で、たくましく、幸せに生きていける自立した人間を育てていく」ことを見据えると、1つひとつの失敗が、決して失敗ではなく、大切な経験の1つであることがわかってきます。

失敗を歓迎する

まず、親が失敗を歓迎するくらいでいきましょうか。

そして、お子様が安心して失敗できる環境をつくっていきましょうか。

「失敗させない」ではなく、「上手に失敗させる」です。

「大切な経験を1つできてよかったね。ここから学べるね」と声をかけてあげてください。

もちろん、命に関わるような危険な行動などは、未然に防いでいかなければならないことです。

すべて失敗させろではなく、成功体験も必要、失敗もとても必要です。

☆元氣アップ&やる氣アップの秘訣4

「失敗させない」を手放し、失敗を歓迎する

5 「比べる」が劣等感を生む

比べる弊害

「なんであなたはこんなこともできないの？　お兄ちゃんは、ちゃんとできたよ」

こういう言い方は子どもにとって結構きついですね。

親としては、「同じ兄弟で、同じように育てているのに、なんでこの子はできないの？」という思いがあったり、比べて叱ることで「負けないぞ！」というやる氣を発憤させようという意図もあったりするのですが、これでやる氣が出る子はいません。むしろ、それどころか、大きなダメージを受けています。

・兄弟で比べる
・他人の子と比べる
・全国平均と比べる
・親の小さい頃と比べる

すべての劣等感の始まりが、何かと比べてマイナスの評価をされることです。また、比べて叱られることにより、自分が劣っている存在だと思ってしまうところからです。

また、子どもの頃、生活習慣がしっかりしていた人、真面目で努力家だった人、整理整頓が上手な人、物事を要領よくできた人ほど、自分と子どもを比べる傾向があります。というのも、これらの人たちは子どもの頃からできていたので、無意識のうちに「できて当然」と思い込んでいるからです。

だから、できないわが子を見て、許せなくなってしまうのです。そして、「この子は怠けている。今のうちに直さなければ。ちゃんと躾（しつけ）なければ」という使命感に燃えて、叱り続けることになります。多いケースとしては「生真面目な母親が、だらしのない男子を許せない」というパターンでしょうか。

比べるなら昨日までの自分と

比べるから生まれる「劣等感」をなくしていきたい。

「比べる」をもしも活用するなら、他との比較ではなく『昨日までの自分と、今の自分を比べる』です。自分の成長度合いにフォーカスしましょう。

☆元氣アップ＆やる氣アップの秘訣5

「比べる」を手放す

6　「普通」を信じる感覚の危険

普通とは

お勉強して、少しでも偏差値の高い学校に行って、普通に就職して、普通に結婚して、夢のマイホームでも立てて、普通に子ども産んで、普通に平凡に生きてほしい。

「普通」「みんなと同じ」が安心するという方は一定層います。

もちろん「普通がしあわせ」という価値観があってもいいです。

人口がどんどん増え続けて、大量生産、大量消費型日本経済の「昭和」に「普通」を見ている方も多いかもしれません。

ただ、今、目まぐるしく世の中が動いていますね。

日本は、2010年をピークに、いまだかつていないスピードの人口減少を経験しています。「昭和」から「平成」、そして「令和」を迎えました。超高齢化社会と少子化、AI化の進む中、労働環境の変化、求められる本当の意味でのグローバル化など、ものすごい勢いで世界が動いております。

親が、昭和の日本の価値観のみで子どもと接してしまったとしたら、時代錯誤も甚だしいと、子どもたちは「違和感」を突きつけてくるでしょう。「昔の価値観は持っていていいけど、子どもたちに強要しない」が時代の流れをつかんでいる親の態度です。

縦糸の教育と横糸の教育

教育の世界でも、縦糸の教育と横糸の教育という言い方があります。普遍的に変えてはいけないものを縦糸の教育、時代とともに移り変わっていくもの、変えていかなければならないものを横糸の教育といいます。子どもたちには、整理して伝えていく必要があると思っています。

【縦糸の教育】躾の三原則、その家が大切にしている文化　親の生き方・生きざま
【横糸の教育】テクノロジーとの向き合い方　人生100年時代のライフスタイル

アナゴさんときゃりーぱみゅぱみゅ

さて、国民的アニメ、サザエさんをイメージしてください。年齢設定を知ると、度肝を抜かれます。まず、サザエさんは24歳ですが、どうみてもオバハンですね。サザエさんの旦那様、マスオさんは28歳で、同僚のアナゴさんはアラフォーにしか見えませんがマスオさんの1つ下の27歳です。波平は54歳で、奥様のフネは52歳で、カツオくんとワカメちゃんの両親です。B'zの稲葉さんは波平の2個先輩の56歳で、アナゴさんの同級生の27歳組が、菅田将暉くんや福士蒼汰くん、きゃりーぱみゅぱみゅです（2020年10月現在)。アナゴさんときゃりーぱみゅぱみゅが同級生ですよ！

この感覚のズレ。そう、お氣づきでしょうか。年齢1つとっても、もう「普通」と思っていた感覚は、現代の「普通」ではないのです。サザエさんはほんの50年前に生まれた作品です。

退職後に30年も40年も続く第2の人生のことを予想したでしょうか。高校生のほぼ100％がス

マホを持つ時代を予想できましたか。

年金は破綻し、医療費が国を圧迫している現状。次の世代に何を残すべきなのか考えずに、自分の目の前の生活だけを考えている場合でないことに、世の中が氣づき始めています。

昔の価値観でいう「普通」を求めれば、逆に非常に「窮屈なマイノリティ（少数派）」となってしまうでしょう。

偏差値の高い学校、大きな会社、名の知れた企業さんに入ることを目標にしても、安定を求めて公務員を目標とすることも、もちろんよいと思います。

どのように生きていくにせよ、この時代の変化に対応し、進化し続ける人材が求められています。

親が敷いてくれたレールの上だけを走っていると、今は、その先にレールがない時代が来ています。レールがなくても、自分の足で歩んでいける力を身につけさせる必要があります。

今は「普通」というのが、どんどんなくなっています。「世の中がどんどん変化している」と私たち大人が認めるところからです。

予想もしないことが起こりますね。その予想もしないことから、たくましく自分を創るのです。

☆元氣アップ&やる氣アップの秘訣6

「普通に育ってほしい」を手放す

7　「ねばならない」から抜け出す

ねば　ねば　ねば　えば　ねば　ねば　ねば　ねば　えば

あ・い・し・て・いけないいわけじゃない〜♪

「しおちゃん、ちょっとわけわからないんだけど…」

はい。ごめんなさい。もとピンクレディーのＭＩＥさんがソロで歌った「NEVER」です。ちなみに、途中にえば（EVER）入ってたの氣づきました？　今回は、この「ねば」からの脱却がテーマです。

本書を手にとっていただいているあなたは、もう、教育に対する意識が高く、さらに親としての学びを、続けてくださる方です。とても嬉しいです。親が学び続ける姿勢というのは、何よりも子どもたちへの教育になります。そして、親が楽しそうに学んでいたら、なお素敵ですね。

「ねば」からの脱却とは、親が子育てにおいて『ねばならない』にとらわれないということです。

『しなければならない＝MUST』を手放す。

親子で窮屈な思いをしながら毎日が進んでいくということを避けたいのです。

理想の教育論を追い求めて、せっかくの親子の時間を、笑顔のない時間にしてほしくないのです。

家庭が安心できる空間になりますように。

笑顔で楽しい毎日を過ごしますように。

肩の力を抜く

ここまでで、すでに６つの秘訣、手放すことをご紹介しました。

- 「勉強しなさい」を手放す
- 「不機嫌」を手放す
- 「心配」を手放す
- 「失敗させないようにする」を手放す
- 「比べる」を手放す
- 「普通に育ってほしい」を手放す

すでに、「あーしおちゃん、私もうダメ。全然できてない…」という方や「私、手放せないの〜、心配って私にとってのけっこう大切な価値観みたい」という方もいるかもしれません。

そんな、あなたにぜひ「ねばならない」を手放しちゃってください。


「勉強しなさいって言っちゃった」

↓言っちゃったっていいんですよ。いいんです。

「どうしても心配しちゃうのー」

↓いいじゃないですか！　その考え方の癖に氣が付きましたね。

「私、やっぱり比べてばっかりなのよ。比べるのが好きみたい」↓前は、そんな自分に氣が付くことができなかったですね、次の声掛けのときに違う言い方をしてみましょうか。

「今日も私、ひどい顔してた〜」

↓そんな顔にOK出しましょうか。

いつも完璧にやろうとすると、疲弊してしまいます。実践って、できたり、できなかったりするものです。やれるところを、楽しくやってみる。そんな感じで捉えてほしいのです。

私の研修で「どんな「ねばならない」を手放しますか」という質問で出たものをご紹介します。

・弁当の中身は、すべて手づくりでなければならない
・英語をネイティブのように発音しなければならない
・子どもをきちんと学校に行かせなければならない　などなど。

うん。いいんだよ。手放して。まずはあなたがラクになってください。

どうぞ、本書に書いてあることを、「ねばならない」と思わないでくださいね。肩の力を抜いて、読んでいただけたら嬉しいです。

☆元氣アップ＆やる氣アップの秘訣7

「ねばならない」を手放す

第2章　「やる氣スイッチ」を入れていく秘訣

1 「氣」を意識して使う意味

エネルギーに満ちた「氣」

私は「元氣アップ」をテーマに講演・研修活動をしている講師です。元氣の『氣』に、どうして「氣」を使っているのですか？　とよく聞かれます。

「氣」は「氣」の旧字体です。太陽さんのエネルギーを浴びてお米が育つ。また、四方八方にエネルギーを放出するという意味があります。この字自体が、とてもエネルギーに満ちている字で、私の元氣アップの活動では、この字がぴったりと、意図的にこの「氣」を活用しております。

「目に見えないエネルギーとか、『氣』とか、なんだかスピリチュアルっぽい話って、なかなか入ってこないんだよね」という方もいらっしゃいます。ただ、今は、この目に見えない世界も『量子力学』という分野で科学的に解明されるようになってきましたね。

私たちの体も、水や空氣も、動物や植物も鉱物も、世の中のありとあらゆるものは素粒子でできており、その素粒子の中の「光子（フォトン）」が、「意識」「感情」の正体です。

そして、そのフォトンは飛ぶのです。あなたから飛んでいくのです。世の中はフォトンが周囲に飛び交っています。しかも、そのフォトンは情報を乗せて飛び交っているのです。フォトンはそれぞれ周波数を持っており、周波数の単位は「ヘルツ」で表しますが、ポジティブな情報を持ったフォトンは高いヘルツの波を、ネガティブな情報を持ったフォトンは低いヘルツの波を放出しているのです。ですから、ポジティブな発信をする方が多い空間と、ネガティブな発信をする方の多い空間では飛び交っているフォトンが違います。

みなさんも、「あっ……なんか感じ悪い」とか「なんだか心地よい」とか、その空間の持つ雰氣を感じたことはありませんか？　それはその場を飛び交うフォトンを、みなさんが感じたのです。

そして、安心もエネルギーを持って、それが飛んでいきます。だから、自分から飛んでいくエネルギーをよいものにしていくと、空間もよくなっていくのです。

※量子力学に関する詳しいお話はこちらをぜひ

・「量子力学的生き方のすすめ　自分発信で願いをかなえる方法」松村大輔（サンマーク出版）」

精神レベルとプラスのパワー

この良質のエネルギーのことをプラスのパワーと呼んで、わかりやすく説明したのが、浅見帆帆子さんです。プラスの言葉、行い、表情、すべて総称して「プラスのパワー」と呼びます。

高校教員時代は、浅見帆帆子さんの著書にかなり助けられました。狭い価値観だった私の生徒への接し方に、大きな影響を与えてくれました。クラスに学級文庫として本をたくさん置いていたのですが、帆帆子さんの本は生徒たちにも人氣でした。

学級目標を「笑顔・元氣・プラスのパワー」などとして、良質のエネルギーを意識していましたが、プラスのパワーは教室でも絶大な効果を発揮しました。

こんなちょっと不思議な「感覚」を信じるアンテナが立つと、面白いように素敵なことがやってきます。そして、試練を「自分を成長させるチャンス」と捉えやすくなります。

浅見帆帆子さんのプラスのパワーの考え方は、人間には、精神レベルがあり、それは、らせん状にレベルアップしていくというものです。そして、どんなに精神レベルが高くなったとしても、必ずそのレベルでの「お試し」という試練がやってきます。

「お試し」とは大変なことやつらいことです。そのときに、プラスのパワーでこのお試しに取り組んだときに、精神レベルが向上する仕組みです。

精神レベルが向上すると、以前のお試しはすでにクリアした問題なので、同じようなお試しはこないのです。同じような問題は起こってこない。次から次へと同じようなお試しが来る人は、それがその人の、現在の課題であり、精神レベルの向上のために、プラスのパワーで乗り切りなさいというメッセージだというのです。

例えば、いつも人間関係でトラブルを起こす人、女性問題でトラブルを起こす人、お金の問題でトラブルを起こす人、その人にとってのお試しが来ています。それをプラスのパワーで乗り切るのです。
※参考「わかった！　運が良くなるコツ」浅見帆帆子（広済堂出版）
そして、エネルギーは高いほうから低いほうに流れやすくなるのですね。あなたのエネルギーが

高くなればなるほど、良質になればなるほど、あなたが、周りに与える影響はよくなっていきます。

☆元氣アップ＆やる氣アップの秘訣８

あなた自身の「氣」（エネルギー）を高めていく

２　「やる氣」の正体

やる氣とはテンションとモチベーション

そもそも「やる氣」とは何なのでしょうか。

やる氣とは何なのかをつかんでおかないと、そのやる氣の上げ方もわからないですよね。

やる氣とは何か。辞書には「進んで物事をなしとげようとする氣持ち」とあります。なんだかつかみづらいですね。

平本あきおさんが「勝手にモチベーション」（ロングセラーズ）という本で「やる氣」を説明した「テンション」と「モチベーション」に分類する方法が、非常にわかりやすいのでご紹介します。

やる氣は、テンションとモチベーションに分類されます。そして、モチベーションはさらに内発的動機づけと外発的動機づけに分類されます。

テンションとは、日本語では「氣分」という意味合いが強いです。「テンション上がった」「ハイテンション」「テンション下がる〜」「ローテンション」などの使い方で、自分の状態を表します。

テンションは、声を出す、好きな音楽を聴く、好きなにおいをかぐ、好きなものを見る、体を動かすなどで上がってきます。

ただ、テンションは下がりやすい傾向もあるので、その傾向を知っておけばいいのです。例えば、チームスポーツなどで、監督やコーチがピンチのときほど「ここだ、声出そう!」というのも、「テンション下げないまま戦おうぜ」と言っているのです。

モチベーションについては、人の動機づけを研究したアメリカの心理学者、エドワード・L・デシが、動機づけには外発的な動機づけと内発的な動機づけの2つがあるとしています。

【やる氣】

・テンション　(声出し・音楽・運動・好きなもの)

・モチベーション

①外発的動機づけ　報酬・評価・懲罰

②内発的動機づけ　(1) 自主性 (自律性)

(2) 有能性

(3) 関係性

外発的動機づけは、報酬・評価・懲罰など、外部からの働きかけによる動機づけ。例えば、「90点以上取ったら焼肉に行こうか」などもそうですね。

そして、大きな成果を生み出すのが、自分の中から出てくるやる氣である、内発的動機づけです。物事に対する興味や探求心など。簡単に言うと「何のためにこれをやっているのか」を自分の中に落とし込んでいる状態ですね。

そして、デシは、一番成果のある「内発的動機づけ」の育てるのは、自主性（自律性）、有能性、関係性３つの要素があると論じました。

【自主性（自律性）】

人は、自分決めたという行動に対して、強いモチベーションを感じるようになる。反対に誰かに指示されると「やらされ感」が強くなります。

【有能感】

自分ができることとは、積極的に取り組む傾向があります。

【関係性】

よい関係性を築ける行動には積極的になり、重要な他者からの承認がさらなる行動を促します。つまりやる氣には、種類があり、色んな角度から適切なアプローチをすることで、成果につなげていきやすいと知るのです。

ですから、時に声を出してわいわい盛り上げてみたり、時にご褒美を与えてみたり、そして、「なんのために」を考えてみましょう。

ご褒美は、悪いものではありません。

ただ、「ご褒美型」しか知らないと、ご褒美を与えることでしか、やる氣のスイッチを入れられないと、狭い考え方になってしまいますね。また、ご褒美で釣ろうとしたのが、かえってそんなものいらないと意欲を下げることもあります。

さらに、やる氣が上がる方法を知り、持続できる方法を実践することで、やる氣は自分でコントロールすることができるのです。

☆元氣アップ＆やる氣アップの秘訣9
やる氣の正体を知る

3　あなたはどんなときにやる氣アップしていますか

やる氣はいつ上がってる？　下がってる？

やる氣の正体がわかったところで、次の2つの質問に答えてみてください。

できれば、紙を用意して、5分くらい時間をとって、思いつくままに書いてください。紙に書くことで、考えが整理されます。

【質問①】
あなたはどんなときにやる氣が上がっていますか？

【質問②】
あなたはどんなときにやる氣が下がっていますか？

書きやすいほうから、どんどん書いていただけたら、どんな答えもすべて正解です。間違いなどありませんよ。

まずは、お子様のことではなく、あなたが思うままに書いてみてください。

①に出てくる例としては、

・天氣のよいとき・午前中・夜中・1人で集中できるとき・認められたとき・ほめられたとき・ごほうびがあるとき・よく眠れたとき・家族がそれぞれ自分のことをやっているとき・締め切りがあるとき・期待されているとき・自由にできるとき・任されたとき…など

②に出てくる例としては、

・怒られたとき・おなかすいたとき・眠いとき・やらされ感があるとき・上司の指示がころころ変わるとき・得意でないことをやっているとき・難しいことをやるとき・苦しいとき・違うやりたいことがあるとき・体調が悪いとき・雨の日・洗ってない茶碗がたまっているとき…など

どんな答えが出たとしても、ばっちりＯＫです。

そして、もしも可能なら、同じ質問をお子様にもしてみてほしいのです。この質問に家族みんなで答えてみるとも面白いですし、チームや仕事の仲間たちとできたらよりよいです（実際モチベーションアップの社員研修などでやっているワークです）。

1人でやってみた方は、「あー。私ってこういうことでやる氣アップするのね。こういうことで下がっちゃうのね」と自分の再確認ができたらバッチリです。

そして、もしも複数でできた場合は、互いに発表してみてほしいのです。びっくりするくらい、やる氣が上がるときも下がるときも、その人によって違うことに氣が付きます。

「えーそんなことでやる氣アップするの？」もありますし、「えっ!?　それでやる氣が下がっちゃうんだ…」という場合もあります。

そうなのです。他人のやる氣を上げるのは、その人がどんな場面で、どんな状況で、どんなときにやる氣が上がるのか「知ろうとする」ところからが始まりです。お子さんのやる氣がどんなときに上がったり、下がったりしているのかを聞いたことありますか？

よかれと思ってやっていたとこが、実は、その人のやる氣を下げているかもしれません。それに氣が付くとコミュニケーションミスが少なくなります。

私たちは、案外知らないことが多いです。知ってるつもりが多いです。そして、「私もこうだから（私の子だから）、きっとそうだろう」も多いのです。

まずは、やる氣アップさせたい相手に聞いてみましょう。

やる氣の要因

やる氣の上がる要因は、ざっくり３つに分けることができます。

①「環境」

②「体調」

③「（誰かからのプラスの」メッセージ」

この３つを少しずつ整えてあれば、やる氣アップの効果があります。

例えば「環境」では「私、ごちゃごちゃしている机の上だとどうも、やる氣出ないんだよね」という方がいます。その方は机の上をすっきりさせてあげる、環境を整えてあげることでやる氣がアップします。

「体調」では、やはり、痛みなどを抱えているときは、なかなか上がっていかないですね。「緊張からおなか痛くなるときがあって、そのときは本当にやる氣が上がっていかない」という方には、痛みをやわらげる、痛みを取り除いてあげることがまず必要となってくるでしょう。

そして「メッセージ」です。これはもちろん、プラスのメッセージであることが多いです。多いといったのは、たまに「厳しいこと言われると、なにくそ！　って燃えてくるのよね」という方もいます。

例えばめちゃめちゃ厳しいスポーツの指導者と、この「厳しいことを言われると燃えてくるのよね」というタイプの選手は、すごく相性がよかったりします（笑）。

指導者と選手がうまくかみあって全国大会に出場したり、日本一になっちゃったりすることがあります。昔ながらのスポーツの指導者に多いのですが、ただ、このタイプの指導者は、厳しいことを言われて「なにくそ！」と思える選手「しか」伸ばせないという欠点もあります。そういう指導者も、貴重な存在であるとは思っています。限界をぐっと引き上げるのがうまい指導者でもありますので。

今は、指導者自身がいろんな勉強をしているので、様々な個性のタイプの選手を伸ばせる人が多くなってきたとは思っています。

☆元氣アップ＆やる氣アップの秘訣10
どんなときにやる氣アップするかを聞いて、そこを整える

4　やる氣を引き出す「スイ」「チョ」「なん」

やる氣を引き出す具体的な方法

じゃあ、そのやる氣をどうやって引き出すのか。

私は、やる氣を引き出す方法を「スイッチ法」、「ちょっとだけ法」、「なんのために法」とお伝え

しています。

まとめて、やる氣を引き出す「スイ」「ちょ」「なん」と呼んでいます。

【スイッチ法】

やる氣のスイッチって、実は自分でつくることができます。「しおちゃん、うちの子のやる氣スイッチ入れて～」「どこにあるの～？」とのご相談もいただきますが、スイッチは自分でつくります。

好きなBGMを聴く、「推し」（＝自分の推薦するアーティストなど）の写真や動画を見る、ハイタッチする、朝日を浴びる、海に行く、5分ウォーキングする、図書館に行く、コメダに行く、お氣に入りの飲み物を飲むなど、なんでもいいのです。

これを自分のやる氣スイッチにすると決めると、それがスイッチになります。そして、そのスイッチは1つじゃなくていい。たくさんあっていいのです。

私がスイッチとしてオススメしているのは、腰骨を立てる＆呼吸法です。教育哲学者の森信三先生が提唱された立腰教育（腰骨を立てる）に呼吸法をミックスさせます。私の塾のスタート時にも、必ずやっています。

腰骨を立てる＆呼吸法（笑華尊塾バージョン）

腰骨を立てるやり方は次のとおりです。

・椅子に浅めに腰かける（背もたれを使わない）

・足の裏を地面につける
・肩の力を抜く
・お尻を背もたれの方にグンと突き出す
・上体をまっすぐにおこす（頭のさきにから糸がついてそれが引っ張られる感じ）
・手は足の付け根に置く
腰骨を立てた状態でさらに呼吸法もミックスします。
呼吸法のやり方は次のとおりです。
・口をすぼめて静かに吐ききる
・鼻から大きく吸う
・ちょっと止めて、また口をすぼめて吐ききる
目をつぶって、腰骨を立てた状態で、静かに呼吸法を繰り返します。

【ちょっとだけ法】

全部一度にやろうとしない。ちょっとだけでいいのです。ちょっとだけまずやる。5分だけ、いえ1分だけでもいい。問題集1ページだけ、問題1題だけでもいいのです。ちょっとだけ、まずやる。ちょっとやると、そのうちにエンジンが温まってきます。とっかかりが、実はすごくエネルギーを使う。だから、そのスタートのハードルをグンと下げてやるのです。
もしも、ちょっとやってみて10分しか集中力が続かなかったら、また休憩して、そして、再びちょっ

とやったらいいのです。10分しか集中力が持続しない子は、10分を積み重ねましょう。集中できる時間が短い子でも少しずつ、集中できる時間が長くなってきます。

集中力を持続しやすいポモドーロテクニック

さらに、ちょっとだけ法の進化系として、ポモロードテクニックも紹介しておきます。

これはパフォーマンスを低下させないために、休憩を挟みながらやる手法です。

「25分集中　5分休み　25分集中　5分休み」を繰り返します。私の塾でもこのサイクルで授業を展開しています。

そして、ポイントは、この25分の中では1つのことだけやることです。あれもこれも手をつけるのではなく、「これをやる!」と決めた1つのことだけやってください。もちろんスマホもいじらないし、音楽も聴きません（音楽については聴きながらだと効率が下がることが報告されています。唯一BGMとしてパフォーマンスを下げないのは自然音のみ）。

慣れている作業や好きなことでしたら、50分集中10分休みでOKです。ポモロードテクニックは、疲労によりダメージを受けて、パフォーマンスが低下してしまうのを防ぎながら長く集中力を保つことができます。

【なんのために法】

何のためにやっているかを、自分の中に落とし込んでいる人は、意欲的に取り組むことができます。

やらされ感じゃない。自分は、こんなことを目指していて、そのために、必要なことだからやる。そしてどうせやるのだから、楽しくやってみるなどと、明確に「なんのために〇〇をやっている」がわかると前に進みますね。

内発的動機づけを育むために、どうしたらいいのか。

やはり質問が有効です。

「なんのために〇〇をするのですか？」

〇〇のところに勉強でも、仕事でも、ボランティアでも、入れてみてください。そして、その質問に答えてみてください。すぐに答えられなくてもいいのです。

質問が投げかけられた段階で、「なんのためにやっている」のかを探し出します。自分の中で納得のいく答えが出てきたときに、強い内発的動機づけとなります。そして、その答えは、変わってもいい。やっているうちに、氣が付くことがあります。

例えば、「私は、将来、お母さんのような優しい笑顔の介護福祉士になりたい。だから、それを実現するためにこの勉強が必要なのよね。だから、私はやる！」

「私は、日本を飛び出して、世界のいろんな人とコミュニケーションをとりながら、旅をしながら生活してみたい。だから英語はコミュニケーションのツールとして勉強していくの」

「私、なんのために勉強しているかわからなかったけど、将来やりたいのは、お料理で人を笑顔にすることで、そのために、高校のクッキング部に入りました。そして、今、お料理を学べる専門学校を、見学しながら思ったのですが、私、お料理を自分がつくって出したいのだと思っていたけど、色々と自分に問いかけているうちに、『料理を通じて笑顔の空間を創ること』をやってみたいことがわかってきました。お店（空間）づくりという視点からもう一度学校を選びます」

「想い」は進化していきます。「なんのために法」は問いかけ続けることが大事なのです。そして、みなさんにも、問いかけたい。

「あなたは、なんのために今のお仕事をしているのですか」

「あなたは、なんのために生きていますか」

「あなたは、なんのためにこの本を読んでいますか」

私たちも、自分に問いかけながら進みましょう。そして、進化していきましょう。

ただ「現状維持バイアス」という言葉があるように、人って、なかなか現在の状況を変えられないものでもありますね。

だから、繰り返し「スイちょなん」で「変化」を加えていくのです。

☆元氣アップ＆やる氣アップの秘訣11

やる氣を引き出す「スイちょなん」を使ってみる

5　高いパフォーマンスを発揮している人が知っている秘密

やる氣は続かない

やる氣を引き出す「スイちょなん」を紹介しましたが、ときに、スイッチ法、ときにちょっとだけ法、ときに何のために法など、そのときの自分に合ったやり方でトライしてください。

そして、いつも高いパフォーマンスを発揮している人は、ある秘密を知っています。秘密は2つあります。

その1つ目は「やる氣は続かない」ということです。

やる氣があるという状態は、実は人間の生理機能的には異常状態です。だから、いつもやる氣がある人って、異常です（笑）。

高いパフォーマンスで1日を過ごす人たちは、やる氣が続かないということを知っているので、工夫をしています。

では、やる氣の工夫とは何か。

・やる氣のスイッチを増やすこと
・もともと集中度が高い時間帯に、やるべきことをやること

高いパフォーマンスを発揮できるように、1日をデザインしていくのです。1日をデザインする

ために必要なのはタイムマネジメントとセルフコントロールです。

タイムマネジメントとは、自分の1日をよりよい状態にするよう時間を管理すること。そして、セルフコントロールとは、上機嫌な自分を維持することです。それをやっているのです。

タイムマネジメントの例としては、脳のパフォーマンスが高い午前中の時間にクリエイティブな仕事を入れる、昼食後、生産性が落ちてしまう時間帯に、作業的な仕事を入れる。午前中はアポを入れずに、まとまった時間を確保する。勉強でいうと、夜の眠る前は記憶のゴールデンタイムだから暗記中心に勉強。夜は必ず11時前に眠るようにして、朝の30分だけ、昨日覚えた暗記物の確認のテストをしてみるなどです。

セルフコントロールは、上機嫌でいることなのですが、これがまたけっこう難しかったりします。イライラしている人はパフォーマンスが低いですね。

やる氣がなくてもできる

さらに、パフォーマンスの高い人が知っている、もう1つのやる氣の秘密を紹介します。それは「ぶっちゃけやる氣なんか、なくたってできる」ということです（笑）。

「えっ!?　しおちゃん、やる氣なくてもいいの？」

「この本、やる氣についての本だけど…（笑）」

いいのです！　やる氣なんてなくたってできますから。やる氣が起こることにこだわりすぎないでください。もちろん、やる氣があったほうが、よりよいパフォーマンスにつながるとは思いますが、やる氣がなくても始められますし、やっているうちにエンジンが温まってきて、やる氣が上がってくるケースのほうがむしろ多いです。だからこそ、「ちょっとだけ法」が有効だったりします。

本書もやる氣がなくても読めますから（笑）。

☆元氣アップ＆やる氣アップの秘訣12
やる氣がなくても、ちょっとだけ始めてみよう

6 やってはいけない朝の習慣

朝のセリフ

私は、朝起きたときに言うセリフを決めています。

【シオヤタカハルの朝のルーティン（お決まりの所作）】

「あーよく寝た！」（短い睡眠でも）

「いい天氣だなぁ！」（雨でも雪でも）

「今日も最幸の１日がはじまったぜ！」（ハードなことがあっても）

そして、口をすすいで、水を1杯飲む。ご先祖さまに挨拶する。最後に日誌を記入すれば、もうエンジン全開。今日も絶好調！　私の朝のルーティンです。

みなさんにも、自分の朝のルーティンをぜひ決めて、朝をスタートしていただきたいと思っています。

そして、ついついやってしまいがちですが、やってしまうとあなたの1日のパフォーマンスを下げてしまうことがあります。

アサイチで絶対やってはいけないたった1つの行動

これをしちゃうと1日中パフォーマンスが低下しちゃうことがあります。

それは「ストレスの予測をする」ことです。

ペンシルベニア州大学の研究データによると、ストレスによって「決断力」「集中力」「注意力」が下がる、成果が上がらないなどが判明しています。さらにストレスは「予測だけでも危険！」ということもわかっています。

朝起きたときに「今日はしんどそう」と予測しただけで、パフォーマンスが低下してしまいます。人間は予測を立てて生きる生き物で、ストレスの予測だけで脳に悪影響を与えてしまうのです。

じゃあ、どうしたらいいのでしょうか？

「その日の楽しい予測を立てちゃう！」

大変な作業や、つらい仕事をしなければならないときはどうしたらいいのでしょうか。「それを乗り越えたら、成長している自分がいる！」と考えるのです。しんどい氣持ちで終わらないようにするのです。

「あー今日は朝からあの宿題やるんだった…しんどー」（×）

そう思って終わったらパフォーマンスが低いままです。

「あー今日は朝からあの宿題やるんだった…しんどー。でも、これ乗り越えたら、また自分レベルアップしちゃうよね。そして、終わったら自分ご褒美にミスド食べちゃおう」（○）

あなたの、朝起きたときのテンションが上がるセリフ、何にしますか？

朝の楽しい始まりをプロデュースしてみてください。

そして、朝起きたときはテレビを消しておいたほうが、人のパフォーマンスは上がります。脳は眠っている間に情報を整理したり記憶したりしているからです。

例えるなら、たくさんある本を、夜に本棚にきちんと整理するイメージです。

朝のテレビは、その本棚を倒して、ごちゃごちゃにしてしまうのです。

☆元氣アップ＆やる氣アップの秘訣13
朝起きたら、楽しい予測をする

7　朝から続く無意識の否定

朝の殺伐シーン

朝のスタートは大事で、ストレスの予測をするだけで、パフォーマンスが下がってしまうことを紹介しましたが、さらに、朝、ついつい家庭でやってしまいがちで、パフォーマンスを下げているやりとりの一場面です。


「いつまで寝てるの？」

「いつ起きるの？」

「お弁当箱どうして出さないの？」

「ちゃんとご飯食べなさい」

「何回いったらわかるの？」

「宿題できてるの？」

「早くしなさい！」

「歯磨き早くしなさい」

「テレビ見てんじゃないの」

「なんで朝からゲームやってんの？」

「忘れ物するんじゃないよ」

「ひどい顔してるね」

「あんたそっかしいんだから、車に氣をつけなさいよ」

「家の鍵、絶対なくすんじゃないよ」

これらは、必要な働きかけなのですが、マイナスのエネルギーを持って、相手のパフォーマンスを下げているときがあるのです。

「何回言っても、よくならない」というご相談も受けますが、相手がよくならない、できなくなってしまう声のかけ方をしている可能性もあります。

「いつまで寝てるの？」などは質問の形をとっていますが、否定のメッセージが入っていますね。質問しているほうも、「早く起きたほうがいいよ」という優しさのつもりで発しているかもしれません。

ただ、受け取るほうはマイナスのメッセージとして受け取ってしまいます。

心の勉強をしている人は、『捉え方』を自分のプラスにして、そのメッセージをプラスに変換してキャッチすることができますが、たいていの人はそんなことできません。そして、朝ならなおさらです。

朝専用の缶コーヒーが大ヒットしました。朝、投げかけられたマイナスエネルギーを、無意識に浄化しようとしていたかもしれません（笑）。

パフォーマンスの上がる朝を演出する

せめて、朝一番のメッセージはプラスから始まりませんか。

「おはよう！」

「ぐっもーにん！」

「素晴らしい朝が始まったよ」

「ステキな青空だよ」

「絶好調の朝ごはんできたよー」

ちょっとだけプラスを意識するだけで、受け取るほうのメッセージの入り方が変わってきます。

ポイントは「スタートをマイナスから始めない」ということです。

「しおちゃん、そんなこと言ったって、私も仕事があるし、朝は時間ないのよ。時間との戦いなのよ。言葉かけとか意識してられないのよ」

はい、朝は大変ですね。おっしゃるとおりです。だから、私たち大人も、トレーニングなのです。相手と自分のパフォーマンスを最高に発揮するための「声かけ」の練習をしていきましょう。

練習は少しずつで構いません。当然、お母さんも家を出発しなければならないので、早くしてくれないと困るという「焦り」も重なりますから。時間との戦いで、子どもたちを急かしてしまうのはよくあることです。でも、その中に、プラスのメッセージを入れるという意識を入れてください。

無意識に否定のメッセージを浴びせつづけるのと、プラスのメッセージを意識するのでは全く違います。

朝のほんの30分か、1時間くらいの間に、否定的なメッセージを浴びせすぎて、朝からエネルギーをどんどん消耗しているとしたら残念です。

行ってらっしゃいは祈りの言葉

「行ってらっしゃい」は、本来祈りの言葉であるようです。あなたが1日愛と光に包まれて過ごしますように、そして、「また帰ってらっしゃい」というメッセージです。

素敵ですね。祈りの愛のメッセージだけ送る朝のシーン。

「しおちゃん、理想高すぎだわ。うち、そういうのできない」という方は、面白い朝の演出でもいいですよ。ユーモアも、マイナスから守る力となります。

シオヤ家で朝の起こし方で実際に活用した例です。

「勇者よ、目覚めたまえ」

「わしゃ坂本竜馬じゃが、そろそろ起きんと、日本の夜明けに、まにあわんぜよ」

息子は、それを聞きながら、にやりと笑います。

そして、私が寝坊して起こしに来るときに言うのです。

「わしゃあ、坂本竜馬じゃが、そろそろ起きんと…」

☆元氣アップ＆やる氣アップの秘訣14
朝イチのメッセージを、プラスにしてみる（笑いにしてみる）

8　困ったときが学ぶ最高のタイミング

「困った」も大事

朝イチの言葉を、プラスにしていくとともに、考え方を少しずつシフトチェンジしてみてほしいのです。

「ハンカチ持った?」くらいの簡単な確認なら、マイナスのエネルギーにならないとは思いますが、ハンカチを忘れて不便な思いをする経験も、子どもたちには大切な経験だったりします。

そして「明日は忘れないようにしよう！」と自分で思えた人から準備をするのです。思えない人は、2回目も忘れます。また忘れて困った経験をしたら反省します。べつに忘れても何ともなかったときは、また忘れますね。学びのタイミングではないです。

困ったときが、学ぶタイミングです。忘れ物をして、困った。どうしたら忘れ物しないのか。そうか「チェックリスト」をつくるといいのか、とレベルアップしていく。

1つひとつの場面が、実はその子の成長の大事な一場面です。それを親が無意識のうちに先回りしすぎて、失敗させないように言いすぎて、小さな大切な経験をしないまま大人になっているケースがありますね。

困ったときというのは、変わりたいと思ったときです。

☆元氣アップ&やる氣アップの秘訣15
困ったときが、学ぶチャンスと考える

9 学びをストップさせる「せい病」

氣を付けたい怖い病氣

困ったときが学ぶチャンスと考えると言いましたが、その学ぶチャンスをみすみす逃してしまう、困った病氣があります。

それが「せい病です」。

昔で言うところの「性病」つまり「性感染症（ＳＴＤ）」のことではありません。成長を著しくストップさせてしまう、失敗やうまくいかないことを、人や環境や物の「せい」にしてしまう「せい病」です。

これは親子でかからないように、氣を付けてほしい病氣です。

「私の成績が上がらないのは、あの先生のせいだ」

「学校がイヤなのはあいつのせいだ」

「あの塾のせいで勉強がはがどらない」

「パートナーのせいで、やりたい仕事ができない」

「コロナのせいで、私の人生がおかしくなってしまった」

この考え方が癖になると、あらゆることがうまくいきません。また、感謝を忘れてしまい、運氣もどんどん逃げていきます。

大人の口癖の中にも何かの「せい」にして、成長をストップさせてしまう場面がけっこうあります。

自分の人生の不幸さ・成育環境・貧乏・借金・倒産・親の不仲・荒れた家族など、マイナスの環境はたくさんありますが、その環境から、同じように負の連鎖を続ける人と、そのマイナスの環境から学び、脱して、今は笑顔で生きている人がいることも事実です。

その違いは何か。

せい病にかかっているか、かかっていないか。もしくは氣がついて「せい病」を治した人たちです。せい病を治すことが、負の連鎖を断ちきる第一歩です。

そして、不遇な環境にない人も、無意識に誰かやモノの「せい」にしているときがあります。その言葉を聞いている子どもたちは、それを真似します。子どもたちって、面白いもので、親の言うことは聞かなくても、やることは真似するのです。

せい病の治し方

せい病は、自分で治すことができます、治療法があります。

あっ…「せい」にしてるかも…という自分に氣がついたときは、「おかげで」「おかげさまで」と言い直して、続きを考えてください。

「おかげで」が使えるようになってくると、せい病は治ってきます。

「あの先生のおかげで、自分で工夫しようとする習慣が身についた」

「あの人のおかげで、世の中には色んな価値観を持つ人がいることが身にしみてわかったよ」

「あの塾のおかげで、今の塾のありがたみがよくわかった」

「パートナーのおかげで、自分の人生や生き方を見直すことができたな～」

「コロナのおかげさまで、今まで見えなかったこれからの自分の生き方が見えてきた」

☆元氣アップ&やる氣アップの秘訣16

「せい病」に氣づいたら、「おかげさまで」と言い直す

10　上手な質問の活用

否定のメッセージが含まれる「なんで？」

パフォーマンスの高い人たちが実践していることの1つが、自分にも仲間にも良質の質問を活用していることです。

「なんでそうなっちゃうわけ」
「なんで宿題やらないの」
「なんですぐに報告しなかったんだ」
「なんでお客様に確認しなかったんですか」
「なんでそんなこと言ったのですか」
「なんでちゃんとできないの」

これらは質問の形をしていますが、すべてに否定のメッセージが含まれていることにお氣づきでしょうか。この形で問いかけられると、問いかけられた方は責められている感が残ります。

そして、そこで引き出される答えが、言い訳や、できなかった理由となってしまうことも多いのです。もちろんＷＨＹの質問がすべて悪いわけではなくて、日本を代表する自動車会社 TOYOTA さんの、「５ＷＨＹ法」（ＷＨＹを5回掘り下げて、深い考察まで持っていくという活用法）も知られていますね。

ただ、日常会話レベルでのＷＨＹ（なんで？）の質問は、否定のメッセージが一緒に伝わってしまって、相手のパフォーマンスを下げてしまうことが多いですね。

「どのようにしたら？」でパフォーマンスアップ

ではどうしたらいいのか。

ＷＨＹ（なんで）の質問をＨＯＷ（どのようにしたら）に変えるのです。

「なんで宿題やらないの」

↓「どのようにしたら時間までに宿題を終わらせられるだろうね」

「なんですぐに報告しなかったんだ」

↓「どのようにしたら、次はすぐに報告できますか」

「なんでお客様に確認しなかったんですか」

↓「どのようにしたらお客様にすぐに確認しやすいですか」

「なんでそんなこと言ったのですか」

↓「どのように伝えたら、真意が伝わりますか」

「なんでちゃんとできないの」

↓「どのようにしたら、具体的に動きやすいかなぁ」

教員時代、遅刻した生徒に「なんで遅刻したんだ？　なんで時間を守れないんだ？」と言っていた時期がありました。やはり生徒から引き出されるのは言い訳だったり、できない理由です。

質問を学び、生徒へのアプローチを変えてみました。

「どのようにしたら時間内に来れると思う？」

生徒は考えます。

「えっと、昨日はゲームやって夜更かしして……。そう寝るのがどうしても遅くなって朝起きれなくて。そう、そう今日は早く寝ます。そして、目覚ましは1個で起きれないときがあるから、念のために2個準備してみます…」

そして、その生徒はやがて遅刻がなくなっていくのです。もちろん段階的な指導、というのはあるのですけど。

私が生徒指導部長というのをやらせていただき、質問を活用した1年間で、全校生徒の遅刻数は激減しました。

「なんで」を「どのようにしたら」に変えるだけで、パフォーマンスにつながる質問に変わってきます。改善を含めた、未来への行動につながりやすくなります。

ＨＯＷは自分にも

この質問は、自分自身に投げかけるのが一番効果を感じやすいと思っています。

「なんでうちの旦那、私のボランティア活動に嫌な顔するんだろう?」

これは、完全に変わらない相手への「否定」と「不満」が入った質問です。

この考え方を次のように変えてみます。

「どのようにしたら、うちの旦那が笑顔で応援してくれるだろう?」

すぐでなくても、だんだんと、ヒントや答えが引き出されてきます。

「うん。そうなのよね。うちの旦那、昔の価値観で、自分の家のことだけやっとけ! みたいな考え持ってるし…。そう、旦那! さみしいのかも! そういえば、私も最近けっこう旦那に冷たくあたってるかも。

うちの旦那が楽しそうにしてるときって、趣味のプラモデルの話してるときくらいかな……。

そうだ! けいこちゃんの旦那さんのせいじくん! ガンダム好きって言ってた! プラモデルの話もしてたわ! せいじくん、一緒にボランティアやるような人だから、私から言うよりも、せいじくんとお友達になったりしたらいいかも…」

☆元氣アップ&やる氣アップの秘訣17

「HOW(どのようにしたら)」で未来につながる質問をする

第3章　反抗期の子どもの接し方の秘訣とは

1　心のコップが横向きになっている

反抗期ですね！　健全です！　おめでとうございます！

第2章ではやる氣スイッチの入れ方全般について紹介してきました。

「しおちゃん、うちの子反抗期真っただ中で、全然入っていかないの」

「外面はいいんだけど、家では全然ダメ」

「家の手伝いどころか、お弁当箱すら出さないのよ」

おめでとうございます。反抗期を迎えたということは、めちゃめちゃ健全に育っていると考えていただきたいです。

私たちがやるべきことは、感情的にならずに、大人として子どもたちを教育していくことです。そして、親がまた自分と向き合って成長していくことです。

思春期のときは、子どもたちは思春期ホルモンが出ます。ちょうどそのころの親たちは更年期にさしかかります。思春期ホルモンVS更年期ホルモンで、ホルモン同士で戦っちゃうときに苦しくなりますね（笑）。それはそれで、ホルモンがそうさせているからしょうがないのですが。

まずは、相手を知りましょう。

反抗期に入った子どもは思春期ホルモンが出ています。大人に変わるとき、さなぎが成虫に変わるようなもので、体も心もめまぐるしく変化している状態です。親離れをしようと、自立しようとしてもがいています。思春期特有のイライラです。

「しおちゃん、ワタシも更年期真っただ中で、疲れやすいし、イライラしてるんですけど……」

はい、素晴らしい。そこに氣が付くことができたら、また前に進みます。

心のコップ

反抗期・思春期の子どもたちのイメージとしては、心のコップが横を向いていると思ってください。コップが横を向いているのですから、水を入れようとしても入っていかないです。無理やり入れようとすれば、水はまき散らかってしまいますね。

でも、安心感があったり「躾の三原則（次ページから紹介）」が染みついたりしていると、その心のコップは横も向くけど、上向きにも戻りやすくなる。心のコップって上向いたり、横向いたりするのです。横向いているときに、入れようとしても入っていかないから、「あ！　今はコップが上を向いているな」というときに、メッセージを伝えていくのです。

☆元氣アップ＆やる氣アップの秘訣18

心のコップの状態を見る

2　躾の三原則とは

「躾の三原則」だけやればいいです

反抗期・思春期こそ「躾の三原則」に戻ってください。

躾（しつけ）の三原則とは、教育哲学者の森信三先生が提唱する次の3つです。

①返事
②挨拶
③はきものをそろえる（イスを元に戻す）

私は躾の三原則を講演などで、次のように紹介しています。

①返事は「はいっ！」

返事は「はーい」ではなく「はいっ！」で。「い」の後に小さな「っ」がつくイメージでいきましょう。「はい」はただの返事ではなく、たくさんのメッセージが含まれます。

「はい」が伝えるメッセージには、

・私はここにいます。
・私は元氣です。
・私はあなたのお話を聞く準備ができています。

・私はあなたを尊重します。
・私はそれを理解しました。
・私はそれをやります。
など、たくさんのメッセージが届けられるのです。
その「はい」の返事に磨きをかけていきましょう。

②挨拶
朝起きたら自分から「おはようございます」と言えること。

③はきものをそろえる（イスを元に戻す）
「はきものをそろえる」と「イスを元にもどす」は2つでセットです。はきものをそろえるは日本風、イスを元に戻すは西洋風ですね。
こんな詩があります。

はきものをそろえると心もそろう
心がそろうとはきものもそろう
ぬぐときに　そろえておくと
はくときに　心がみだれない
だれかが　みだしておいたら
だまって　そろえてあげよう

そうすればきっと世界中の人の心も　そろうでしょう

藤本幸邦（長野県円福寺）

この詩もしびれますね。

躾の三原則は、「返事」「挨拶」「はきものをそろえる」。9歳までに、この3つの躾をびしっと伝えることができたら、あとは心のコップが上向きになって、教えをどんどん吸収して、成長していきます。

森信三先生は「つ」のつくところまで、つまり9つまでと言っていますが、私は、何歳だろうと、氣がついたときからやればよいと思っております。躾の三原則は、時代がこれからどんなに変化しても進化しても、変わらずに大切な普遍的なものです。これを日本人は文化としてしっかりと継承していく必要があります。

そういうことを怠ってしまったときから、あらゆるひずみが生まれてきます。幼少期に英語やピアノ、スポーツを習わせることが躾ではありません。躾の三原則は、日本が大切にしてきた文化であり、むしろこれからもますます光る実践です。

子どもにやらせるのではなく、親が実践する

森信三先生がすごいのは、これを子どもにやらせようとは言っていないのです。まず、親が実践しましょうと呼びかけています。

躾の三原則とは、親の、生き方の種まきとも言えます。その種まきを今まで、してきましたか？

「えっ。しおちゃん自信ない……というか、そんなこと全然伝えてなかった」という方、大切さに氣がついてくれてありがとうございます。今からでもいいのです。蒔いていきましょう。生き方の種を。

☆元氣アップ＆やる氣アップの秘訣19
躾の三原則を大切にする

3　反抗期は、三原則を親がやる時期

反抗期、親の「教育力」の見せ所です

思春期・反抗期には、どうしても心のコップは横を向きますね。躾（しつけ）の三原則がしっかり伝わっていれば、横を向くときがあっても、上を向く時間もちょこちょこやってくるのですが、基本、話はうまく伝わりづらい時期と思ってください。

さあ、来た！　この心のコップが横を向いている時期こそ、親の教育力の見せどころです。

躾の三原則を親が淡々と実践するのです。朝起きたら、「おはよう！」と親が子どもに声かけする。夫婦で「はいっ！」と氣持ちのよい返事をする。履き物をそろえる実践を意識してやるのです。

思春期や反抗期のときは、言葉は、特に入っていかないものですね。でも親の実践は見ています。

誰よりもうちのお父さんがはきものをそろえる実践者だった

例えば、誰よりも、ウチのお父さんがはきものをそろえる実践者だったという事実は、子どもの心に、よい意味でボディブローのように効いてきます。

そして、はきものをそろえる人間として育ちます。誰かのおうちに行ったときには、当たり前のように、はきものをそろえるでしょう。

これが文化の継承です。

「はきものをそろえると美しい」という感覚は、日本人として大切にしたい感覚です。親が躾の三原則の実践者でしたら、挨拶の重要性に氣づくことができます。誰かに会ったときには、自分から挨拶したら、氣持ちがいいし、良好な人間関係のためには、挨拶がとても有効なものであると理解できます。

背中で返事をすることが、失礼な行為であるし、元氣のよい返事だけで、周りを温かな氣分にさせることも理解できます。

はきものがそろっていると、心もそろうと思えます。そして、誰かのはきものを黙ってそろえる人間に育ちます。

反抗期に、自分は脱ぎっぱなしだったはきものが、いつもそろっていた。そういうのは、染み込んでいくものです。

躾の三原則だけでいいです。あれもこれもすべて中途半端になるのではなくて、これだけはうちは大切にしてきたぞという文化をつくるのです。

そして、心のコップが上を向いたときに、大切なメッセージを、伝えたいメッセージを注いでいきます。

☆元氣アップ&やる氣アップの秘訣20
反抗期は、躾の三原則を親がやるとき

4　子は親の心を実演する名優である

小さな名優

私の仲間たちに、倫理法人会という勉強の場で学んでいる方たちがいます。経営者モーニングセミナーなど、朝から元氣よく挨拶をする、返事をする、歌を歌う、栞を輪読する、講話を聴き学ぶといった実践的な学びをされている方々です。私は会員ではないのですが、そこで学ばせていただく機会があり、その栞をプレゼントいただきました。

その栞がまた素晴らしいのですが、その中で特に、ここでご紹介したいフレーズが2つあります。

①子は親の心を実演する名優である

②夫婦は一対の反射鏡

倫理の栞、子は親の心を実演する名優であるのページには、次のように書かれています。

『子供の体質も、性質も、ことごとく両親にこれをうけ、くせも、日々の行いも、12、3歳までは、全部両親の心行いの反映である。だから子どもが手に負えぬ、悪くて困るという時、夫婦が明朗愛和に帰るとき、子供たちには指一本ふれず、一言も言わなくとも、立派に直ってしまう。風がたてば、さわさわと音を立てて騒いでいた竹林が、風の止んだその瞬間、すっかり静まってしまうように。子供自身にあらわれた病氣でさえも、例外なく、親の生活の不自然さが反映したままである。これを知ったら、世の人々は、どれほど驚くことであろう。又どれほど安心することであろう。こうしたことが、うそかまことか、それは人に聞くまでもない、子を持つ世の親たちは、自分自身のこれまでの生活と、子供たちの性質なり、することなりを、静かに観察すれば、はっきりすることである。

親たちは上べを飾り、人前をつくって上品に暮らしていても、子供たちは堂々と、つつみかくしなく、親の心を実演する。家は、その小さな名優（スター）の舞台である』。

※『万人幸福の栞』丸山敏雄（倫理研究所）より引用。

親が心を見つめ直す

子どもが思春期で手に負えない。反抗期で大変だというときには、まさに親が自分の心を見つめ直すときかもしれません。

思春期特有のホルモンという見方、心のコップが横向きになっているという視点、さらに親自身が、子どもが自分の心の状態を表しているかもと自己を見つめ直すことで、問題が、課題が、困り感が小さくなっていくことでしょう。

様々な要因が複雑にからみあって、ごちゃごちゃになっているのが思春期、反抗期です。

子どもはまだまだ未熟な存在です。ここは、大人が自分の心としっかりと向き合ってちょっと先に、人間としてのステージを上げていきましょう。

そして、その反抗期は永遠には続かないのです。

☆元氣アップ&やる氣アップの秘訣21

子どもの心と向き合う＝親が自分の心と向き合う

5 「怒る」と「叱る」の違い

漫画「キャプテン」に学ぶ「怒る」と「叱る」

私たちのアプローチで大事なのは、相手を動けなくすることではなく、前に進むサポートをすることです。時に見守るだけのときもありますし、適切な質問を投げかけるときもありますし、ほめたり叱ったりするときもあります。叱るは重要なアプローチですね。

私が小学生時代ですが「キャプテン」（ちばあきお著）という野球漫画がありました。ごくごく普通の地味な中学生野球部の物語です。私はこの「キャプテン」が大好きでした。谷口・丸井・五十嵐・近藤とそれぞれ違うタイプのキャプテンがチームをまとめながら成長していくストーリー。

第3巻でキャプテンの丸井に、1つ年下の五十嵐が猛抗議をするシーンがあります。

「なんだ今のザマは、あれが人の上に立つ者の態度か！　叱ってんじゃない、怒ってんじゃないか！　頭に来てるんじゃないか！」と。

私はこの漫画素晴らしいなと思うのです、そして、注目すべきは、このセリフを中学生の五十嵐が上級生のキャプテン丸井に対して発しているところです。

なんて頼もしい。そして、今の中学生たちに、この視点で仲間を導けるエネルギーがどれだけあるだろうか。あったとしても、こんな形でチームの成長のために伝えることできるでしょうか。

さあ、まずここでお伝えしたいのは、「叱る」と「怒る」の違いです。

「ついつい怒っちゃうんです」

「叱ってばかりいて、あとから自己嫌悪というケースがけっこうあります」

「怒っても何しても、私の言うことを全然聞かないんです」

「朝も起きないし、ゲームばかりして、褒めるところが見当たらないんです」等、親御さんの色んな声が聞こえてきます。

叱ると怒るがごちゃごちゃ混同して、訳がわからなくなっている方もいらっしゃいますので、まずは整理してみましょう。

【怒る】と【叱る】の違い

「怒る」とは、感情的に、勢いで、過去に焦点を当て、自分の言いたいように伝える
「叱る」とは、理性的に、愛を持って、未来を見据えて、相手が理解するように伝える
キャプテンという漫画の中学生五十嵐君が指摘してくれているように、ただ怒っているだけでは、なかなか伝わらない。相手が理解するように伝える。
親子だから、感情的に思いをぶつけるのも必要という意見ももちろんありますし、氣持ちもわかります。ただ、セルフコントロールとは、上機嫌でいること。上機嫌な自分をキープすることです。
怒っているときのエネルギーは、セルフコントロールができている状態とは言い難いです。

感情的な怒りが、怒りの対象以外へ影響を与えるときもたくさんあります。例えば、繊細な子は、怒られているのが自分じゃなくても、同じようにその怒りのエネルギーを吸収してしまいます（HSPについても次の章でも紹介します）。

言いたいことを言い合える関係がいいという人もおります。もちろんそれは素敵なことですね。上下の関係が強すぎて、自分の意見が言えないという関係よりはよいかもしれません。

ただし、人格が育たないままに、言いたいことは言ったほうがいい価値観のもとに生きていくと、「言わなくてもいい余計な一言」や「人を傷つけてしまう個人的な思い」までもズバズバ言ってしまう人になってしまいます。

☆元氣アップ＆やる氣アップの秘訣22

感情的に怒らず、理性的に叱る

---

6 子どもにすっと入っていく叱り方とは

しっかり褒めて軽く叱る

では上手な叱り方とはどんな叱り方でしょうか。」効果的な叱り方について、北九州市で治療的里親として、心身に深い傷を抱えた子どもたちと共に暮らす「土井ホーム」を運営されている土井高徳先生の著書『ちょっとしたストレスを自分ではね返せる子の育て方』（青春出版社）での「叱り方」が非常に参考になりますので、紹介させていただきます。

『（準備）

叱り方で悩む前に、「褒める回数」を増やしておく

「親に褒めてもらう」「認めてもらう」が土台にあって健全に育っていく。普段たくさん褒めているからこそ、叱る効果もあります。

「しっかりほめて、軽く叱る」が最も効果的のようです。

【叱り方】

・叱るときは3分以内
・シングルイシュー（1つのテーマ）で話す
・最後は褒めて終わる

親が子どもを叱るときは、どうしても長くなりがちで、内容が伝わっていないときが多いものです。

長く話したとしても、心のスイッチを切ってしまうので、まったく話が届かなくなってしまうのです。怒られ慣れしている子ども、叱られ慣れしている子どもも、叱られることが嬉しい子はいません。

叱られ続けるたびに、傷つき「自分には価値がない」と感じるようになってきます。さらに、叱られるたびに「これ以上傷つきたくない」という自己防衛本能が働き、その場から逃げようとしたり、それができないとイライラしたり、極端な場合は暴れたりします。また「解離（かいり）」と言って、心のスイッチを切ってしまったりします。

シングルイシュー（1つのテーマ）で話すというのは、どうしても押さえたいところです。ついつい「あのときもこんなことしたじゃないか」とか、「こんなこともあったな」とどんどん広がってしまいます。さらには感情的になればなるほど、長くなったりして、結局、本来伝えたい内容がちっとも子どもに伝わっていないよろしくない怒り方、叱り方となってしまいます。

1つのことだけ伝えようと意識することで、長くならずに、伝えたいメッセージだけ伝えることができます。

そして、叱るときのメッセージがきちんと伝わるように、普段から褒めてください。日本人は叱るのも褒めるのもあまりうまくない人が多いようですが、叱り方で悩む前に、「褒める回数」を増やしてみてください。いいことを当たり前のこととしてまったく褒めないでいると、口を開けば「叱りモード」になってしまい、子どもはいつも親に叱られているような氣持ちになってしまいます』。

付け加えて言うなら、「パートナーが全然私の話を聞いていないんだよね」と思うことありませんか？　パートナーに愚痴ばかり言っているうちに、パートナーの自己防衛本能が働いて、心のスイッチを自動的に切っている可能性があります（笑）。
※『ちょっとしたストレスを自分ではね返せる子の育て方』土井高徳（青春出版社）より引用

☆元氣アップ＆やる氣アップの秘訣23
叱り方で悩む前に、褒める回数を増やす

7　アメと無視の法則

してほしくない方法を無視

アメとムチじゃないです。「してほしくない行動」に対しては無視してしまうというやり方を紹介します。どんなときに子どもを叱ればよいのかわからないという人のために、やはり土井先生がこんな提案をしてくれています。

子どもの行為を大きく３つに分けて考える

（１）してほしい行為
（２）してほしくない行為

（3）許しがたい行為

この3つについて、親がどう対応するかの基本を知っておく

（1）「してほしい行動」があったらすかさず褒める

（2）してほしくない行動については無視する

（3）他人や自分を傷つける「許しがたい行動」については制止する

（3）の「許しがたい行動」というのは、人に暴言を浴びせる、暴行を加える、人のものを盗るといったことです。人の財産や生命を脅かすようなことに対しては、制止するのは当然です。同時にしてほしい行動があったら、すかさず褒めてください。

親にとって一番難しいのは（2）の「してほしくない行動」を無視する、ですね。ここでの最大のポイントは、無視に焦点を当てるのではなく、いかに「してほしい行為」をすかさず褒めているかということなのです。

子どもが親の関心を引きたくて大騒ぎしたり、わがままを言い続けたりしている場合は、知らん顔して無視してしまっていい、と土井先生は言います。そこが難しいところなのですが。

勉強が苦手だったり、特に苦手なスポーツがなかったりする子どもの場合、親の関心を強く惹きつけるために、親にとって望ましくないことをすることが多いのです。そのため、望ましくない行動を毎回叱ると、「泣き叫べば親が必ず関心を持ってくれる」という氣持ちを強化してしまい、その行動が減らないのです。

「許しがたい」というほどの行為でなければ、なるべく叱らず無視し、むしろ「してほしい」行為を探しましょう。氣になる部分や、あら探しをしないようにして、よく子どもを観察し、「ほめるところ」を探してあげてください。

☆元氣アップ&やる氣アップの秘訣24
「してほしい」行為があったら、すかさず褒める

8　伝えるときは「CCQ」が効果的

穏やかに・近づいて・静かな声で

同じく土井先生は、子どもを叱るとき、大事な話をするとき、どうしてもわかってほしいことがあるときは、CCQが大事であると言っています。CCBじゃないですよ（著者昭和47年生まれ、同世代の方はCCBというグループが「ロマンティックが止まらない」という歌を歌っていたのを知っているかと（笑）。そのCCBではなくCCQです。

穏やかに（Calm）

近づいて（Close）

静かな声で（Quiet）

話すのです。これはＡＤＨＤ（注意欠如多動性障害）の子どもの心に言葉を届けるための原則ですが、誰にでも当てはまりますし、覚えておくと、指示を出すときに親が感情的にならずに済みます。

また、パートナーに伝えたいことを伝えるときにもとても有効だったりします。

あなたのパンツ素敵

例えば、服を脱ぎっぱなしにして、何度言っても洗濯かごに入れるという簡単な行為ができない旦那様がいたとします。

ＣＣＱとアメと無視の法則をミックスして応用させて活用するとこうなります。

「あなたの脱ぎ捨てたパンツ！　すごいアートだね。さすが私の夫だわ。あんなアートはあなたしかつくれないわ」

言った後、しばらく無視します。もちろん脱ぎ捨ては続いています。50回に1回くらい、まぐれで洗濯かごに入ったとき。そこです。ここです！「してほしい行為」にすかさず褒める場面です！ここで絶賛します。

「さすが！　あのパンツアート、洗濯かごに入って、さらにステキに輝いてるわ。一流のアートが、あるべき場所で、超一流のアートになったといった感じかしら。すんごいステキ！　私、なんか嬉しい！」

ただその後、またできないことが予想されます。いいんです。できていないことを無視します。そして、今度は20回に1回くらいの割合で、洗濯かごにアートが登場します。その時です！すかさず言って！

「待ってたわ、作品ナンバー３！『そびえたつ富士山』と名づけてもいいかしら。うっとりするわ。素晴らしい‼」

褒めるのが下手な人が多いので、ついつい言っちゃう人が多いのが、褒め言葉の形をした余計な一言です。

「珍しくできたね」

「あなたにしてはよくやったね」

これらは、そもそもの期待値が低いとのメッセージが伝わってしまいます。

「私の言うことを聞いていれば間違いないでしょ」

これは、自分の助言の自画自賛のメッセージです。笑いながら前へ進みましょう。

☆元氣アップ＆やる氣アップの秘訣25

伝えるときは穏やかに

9　子どもと向き合うチャンス～わが子はどんなタイプ？

ネイチャー理論という統計学

「そうはいっても、うちの子とっても変わっていて……」

私も教育現場に長くおりましたので、「すべてのお子様がうまくいく！」と言い切れるものはないと思っています。多くの方たちが結果を残すやり方というのは存在しますが、すべての人にとって有効かと言ったら、それは難しいとは思います。

そんなときに、ちょっと客観的な統計学的な見方が、助けてくれるときがあります。「この子って、こういう言い方をしたほうが伝わりやすいのね」を知った上でメッセージを届ける方法。私が活用している「ネイチャー理論」というメソッドを紹介します。

「ネイチャー理論」とは、生年月日をもとに、人がもともと生まれつき持っている「能力特性」を統計的に分類して、客観的に理解するという手法です。

ネイチャー理論の「ネイチャー」は、英語で「自然」という他に、「もともと持っている本質」というような意味もあります。能力特性のタイプをネイチャータイプと表現し、1～9までの数字で9種類に分類、1人が3つずつのタイプを持っています。

そして、その3つの組み合わせから、赤・黄・青・緑のうちどれか1色の「ベースカラー」が導き出されます。

例えば、大谷翔平さんは、５３８・緑。明石家さんまさんは、２８１・赤。ちなみに、塩谷隆治は１１２・赤です。

「自分のネイチャータイプを知りたい！」という方は、ご自身の生年月日からすぐに調べることができます(無料です)。ご家族の方のネイチャータイプもぜひ調べてみてください。面白いですよ。

「ネイチャー理論」↓検索でネイチャー理論普及協会のホームページにヒットします。

強みにフォーカスする

このネイチャー理論でわかる、ネイチャータイプというのは、「先天的」に備わったもの。もともと持っている「強み」です。子どもたちの場合は、まだそれに氣が付いていない場合が多いです。実は大人の方も、その「強み」に氣が付いていないことも多いのですが。その「強み」を信じてアプローチしていくと、実に自然にいろんなことができるようになるのです。

また、ベースカラーで関係性も知ることができます。「赤の人のメッセージは、青の人に入っていきやすい」などがあります。

「彼には、私の言葉よりもお兄ちゃんの言葉が入りやすいみたい」などと、ちょっと知っていて活用したら、コミュニケーションの損失を防ぐことができます。
・人間関係でつまずいてしまう

・他人と比べてしまって自分に自信が持てない
・同じ失敗を繰り返してしまう
・自分のやりたいことが見つからない
・仕事が辛くて仕方がない
など様々なストレスを抱えながら、困り事として現れてきてしまう方は、自分の「強み」「弱み」を理解せずに、そもそもどんな特性を持っているのか知らずに生きていることが多いです。

ネイチャー理論的に自分を知り、相手を知り、コミュニケーションをよりよいものにしていく。人生をより豊かにしていく。そしてこういうのって、楽しく見ていくのが一番です。

「あーやっぱりね！　あなた宇宙人タイプだもんね」

「だよね４番持ってるから空腹には耐えられないよね」

「あなたには、みんなやってるよ…という言い方が響きやすいよね」と笑いながら活用することをオススメです。子育てでも、もっとやりやすくなることでしょう。さらに詳しく知りたい方は、仲間の首藤ひろえさん（ネイチャー理論マスターコーチ）と、ぜひつながってくださいね。

☆元氣アップ＆やる氣アップの秘訣26

「ネイチャー理論」で楽しく自分を味方にする

10　反抗期に活用したい裏技～写真の活用～

幼少期の写真が大活躍

みなさんのお子様の幼少期の写真はありますか。

もしあるのでしたら、反抗期に特に力を発揮する写真活用法をご紹介します。

幼少期のお子様が写っている写真を目に見えるところに飾ります。せっかくですので、フォトスタンドなど（１００均で十分です）に入れて、目に入りやすいところに飾ってみてください。親子で写っている写真がベストですが、お子様が写っていればＯＫです。

これで準備は完了です。そして、ここから何をするかというと、そのときの思い出、エピソードを楽しそうに語るのです（例えば、写真は、たまたまお父さんが奇跡的に絵本の読み聞かせをしているシーンがあったとします）。

「この『かおかおどんなかお』って絵本さ、〇〇がすっごいお氣に入りでさ。『いたずらなかお』のところで毎回一緒にいたずらな顔して。この絵本ばっかり『もう1回！　もう1回』ってエンドレスに続くんだよ。ホント可愛かったな～膝にちょこんと座って、楽しそうに一緒に読むの……」

そして、ボロボロになった絵本が、その場にあって、懐かしそうにその絵本を開くなんてできたら完璧ですね。

語ることで再編集される「記憶」

子どもって、小さい頃の記憶って、基本的に忘れちゃいます。例えば、お母さんが、めちゃめちゃたくさん絵本を読んであげたとしても、「えっ私、ママに絵本読んでもらったことなんてあった？」なんて薄情なことを言ったりします（笑）。

でも、ちょっとした親の働きかけで、子どもたちの中に、その幼少期の記憶が鮮明に残ることがあります。そして、その子の自己肯定感を育むのに、非常に効果を発揮しています。

記憶は、子どもが実際に覚えている場合もありますが、多くは親が幼少期の思い出を何度も語っているのを聞いて、その語るのを聞いて、写真や話を元に、記憶を再構成しているのです。

写真は、そこで効果を倍増させる素敵ツールです。

今は、反抗期真っ最中でも、可愛かったエピソードはたくさんあると思います。ぜひ、写真を飾って、思い出を語ってくださいね。

親が楽しそうに語る姿を見て、「あー自分、愛されてたんだな」と思い出します。普段は生意氣を言っているお子さんも、何かのときにふとそのエピソードのことが頭をよぎります。そして、その子が、危険な目に遭うのを踏みとどめたり、勇氣を持って前に進むことにつながったりするのです。

お子様が幼少期の方は、必ず読み聞かせしている写真を

お子様が、まだ小さい方は「絵本を読んでいる写真」は超オススメですよ。絶対撮っておいてく

【図表1　子どもに絵本を読み聞かせ】

ださい。そして、その読んだ絵本も、とっておいてくださいね。

「お父さんが忙しくて、絵本を読むなんて、いつもできないです」という方も。いつもなんてできなくていいのですよ。1回でもいいです。その1回を、しっかりと写真に撮っておきましょう（笑）

その写真は、お子様が反抗期を迎えたときに、最強のアイテムとして活躍することでしょう。

図表1はうちの息子が2歳のときの写真です。

当時私は高校教員で、野球部の指導にエネルギーを注いでいたときでもあります。

いつも絵本を読むということはできなかったのですが、嫁さんが奇跡的に写真を撮ってくれていました（笑）。

2歳くらいは「もう1回！」と何度もリクエストがあります。そのリクエストにできるだけ答えてあげてくださいね。ジェットコースターに乗るのと同じで、何度もその面白さを味わいたくての「もう1回」です。

こんな写真が、ずっと活躍し続けます。

絵本は心の処方箋

絵本は、子どもにも大人にも、よい効果を発揮します。

『「本の読み方で」が学力は決まる』川島隆太（監修）松﨑秦・榊浩平（著）（青春出版社）の中でも、データとして以下の結果が出ています。

①読み聞かせの時間に比例して「育児ストレス」が低下する

②子どもの言葉の力が伸びる

③子どもの問題行動が減少する

絵本は子どものものというイメージがありますが、とんでもない！

時に仕事に大活用できるビジネス書だったり、人生のヒントを与えてくれる哲学書となったり、ものすごいパワーを持つステキなツールです。

まさに絵本は心の処方箋。私の絵本の師匠、絵本ソムリエのたっちゃんこと岡田達信さんが著書『絵本は心の処方箋』『絵本は心の架け橋』（瑞雲舎）の中で絵本の素晴らしさを発信しています。

絵本・絵本セラピストに興味がある方はぜひご一読をください。

☆元氣アップ＆やる氣アップの秘訣27

幼少期の写真を飾って、楽しく語る

第4章　よくあるご質問より

～この子のスイッチを入れる秘訣は

1　どうする？　スマホ・ゲーム対策

ゲーム障害は病氣

平成30年に世界保健機関（ＷＨＯ）は、「ゲーム障害」が病氣であると認定しました。近年の研究でメディア機器には、たばこや薬物と同様、依存性があるとされ、「ゲーム依存症」という言葉が出ています。

「ゲーム依存症」の医学病名は「ゲーム障害」と言います。『ゲームにはまってる』と氣軽に考えているうちに進行してしまうのがゲーム障害という病氣です。

最初は「ちょっとした楽しみ」「友人や家族から誘われたから」「息抜きに」と始めたゲームが、段々と「いつでもどこでもできる手軽な氣分転換」の手段となることが多いです。

特に、インターネットに接続されているオンラインゲームの場合、ゲームが絶えずアップデートされ、ゲームに終わりがありません。また、一緒にプレイする仲間や敵がおり、そこに対人関係や競争が生まれます。このようにゲームに加え、対人要素が依存性を益々高めています。

そのため次のような問題が起こる可能性があります。

・ゲームをするために睡眠や学業の時間を削る
・食事中や他人との会話中にもゲームをする

・体調不良が起こる

ゲームのことを注意されるとイライラするなど、健康、生活リズム、人間関係、社会生活への影響が起こりはじめます。日常生活に影響を与えてしまうまでのめりこんでしまう恐れがあります。

そうなってくると、もう絶対に対処しなければならない社会問題でもありますね。

天才ジョブズの遺言

２０１１年に亡くなったアップルの創始者スティーブジョブズが、自分の子どもたちにはテクノロジー機器の利用を厳しく制限していたのは有名なお話です。

ただ、今の親にとって、スマホ・iPhone・iPad・スイッチなど、非常に魅力的で、子どもたちを静かにさせる最強のアイテムでもあります。長いドライブ、ちょっと親が集中したい時間、親が忙しいときに、子どもたちを喜ばせ、静かにさせてくれる。超便利な助っ人です。

だからこそ、上手に使わなければ、依存を生んで、次なる問題へと発展してしまいますね。

先日、家族で「ＡＩ崩壊」という映画を見ました。ＡＩによって、医療分野を初め、国民全体の生活が、ものすごい恩恵を受けているのですが、後にＡＩが暴走して（暴走させるよう人間が仕組み）人間の選別までも行い、生死を判断させるようにまでなってしまうというストーリーの映画です。この映画を家族で見るのも、テクノロジーを考えさせるきっかけになりますよ。オススメです。

ジョブズは間違いなくハイテクの天才でした。しかし彼は深夜までスクリーンを見つめて遊んだり、Facebookで近況を更新し続けたりはしませんでした。家族の会話を優先する姿がありました。

そして、ジョブズの遺言も有名です。全文は長いため、要約したものをご紹介します。

（スティーブジョブズの遺言）
・私は、ビジネスの世界で、成功の頂点に君臨したが、それ以外の「喜び」は少ない人生だった。
・人々の承認や無限の富は、死を前にして何の意味もなく、なくなった。
・あなたの人生がどのようなステージにあったとしても、誰もが、いつか、人生の幕を閉じる日がやってくる。
・あなたの家族のために愛情を大切にしてください。あなたのパートナーのために、あなたの友人のために。そして自分を丁寧に扱ってあげてください。他の人を大切にしてください。
このほかジョブズは生きざまで、私たちに様々なメッセージを残してくれています。これからの時代はテクノロジーを上手に使いこなすがポイントとなるでしょう。

また私が中高生での講演で送っているメッセージは、この質問です。

「スマホをあなたの人間的成長に活かすとしたら、どんな使い方ができますか」

私は、Youtubeやゲームなどの「消費される」時間と、スクリーン上で「創造する」時間は全くの別物であると考えています。テクノロジーを上手に使いこなす能力もこれからは必要となってきます。皆さんのお子さんたちが、スマホでクリエイティブな活動をしているとしたら、それは、新たな可能性を生む力にもなってきます。

☆元氣アップ＆やる氣アップの秘訣28
「人生に活かすスマホの使い方とは？」を問い続ける

2　スマホやゲーム「親の望ましい態度」とは

親の態度が子どもの心を閉ざす

子どものゲームやスマホとの向き合い方には、ほとんどの親が頭を悩ませているでしょう。アメリカの心理学者のキャサリン・ステイナーアデアは、思春期の青少年と保護者数千人に対するインタビューを踏まえて、スマホ・ゲーム問題に対する親の典型的な態度を分類しました。

【望ましくない３つの態度】
・怖い態度
・キレる態度
・よく理解していない態度

【望ましい４つの態度】
・近づきやすい態度

・穏やかな態度
・子どもの状況について知ろうとする態度
・現実的な態度

怖い親は、上から目線で厳しく強硬な態度をとります。言動が極端になり、「大学に行けなくなるぞ」「あの友達を二度と家に連れてくるな」などと脅しをかけたりします。ただ、そんな対応では、子どもは、ほぼ間違いなく心を閉ざします。

そして、キレる親は子どもの問題に過剰反応してしまうのです。ステイナーアデアがインタビューした12歳の少女は友達から意地悪なメールを受け取ったのに、そのことを自分の母親に相談できなかったと言います。自分の母親がいつもカッとなって、物事を大げさにするからだそうでした。「ママは『きっとなんでひどい！』なんて言って騒ぎ始めるの。そしたら、友達だけじゃなくて、キレたママにも対応しなくちゃいけなくなっちゃう」と言ったそうです。

もちろん母親は娘を心配しているのだと思います。なんとかして娘の氣持ちを晴らしたいと思うのでしょう。

しかし、感情的でエスカレートする反応は、事態を悪くするばかりです。よく理解していない親は、表面的なことに氣を取られて、重要なことを話し合っていません。

もちろん、これはスマホの問題に限ったことではなく、すべての問題行動に対する親の態度として参考になることでしょう。

騒ぎ立てない理解する態度

対照的に望ましいのは、ソーシャルメディアが現在生活の一部であることを理解することです。「子どもが何かに困っていても、親が反射的に騒ぎ立てるのは問題を悪化させるだけだとわきまえている」、「子どもとＳＮＳとの付き合い方を理解するよう努め、決めつけずに質問をして、自分でも調べてみる」、「テクノロジーの持続可能な利用方法を意識する。１日のどこかで必ず全員が顔を合わせるように努める」などできることがあります。

実際に問題がヒートアップしてからでは、実行に移すのは難しいことが多いでしょう。だからこそ、「近づきやすい、おだやか、理解ある、現実的」を普段からキーワードにしておくことで、ヒートアップした場面でも自然に活用できるようにしておくべきと投げかけています。

・穏やかに（Calm）
・近づいて（Close）
・静かな声で（Quiet）

また前章で紹介しましたＣＣＱが、問題解決において生きてくるカギにもなりますね。

※参考「依存症ビジネスのつくられ方　僕らはそれに抵抗できない」アダム・オルター（ダイヤモンド社）

☆元氣アップ＆やる氣アップの秘訣29

進化し続けるテクノロジーを子どもと一緒に学ぶ

3　超敏感な子について〜ＨＳＰ

5人に1人の敏感氣質

アメリカの心理学者アーロン博士が、世の中には敏感な氣質を持った人たちが一定数いることを発表しました。「ＨＳＰ」と呼ばれ、「Highly Sensitive Person（ハイリー・センシティブ・パーソン）」の略です。さらに、アーロン博士は敏感氣質を持つ子どもたちのことを「Highly Sensitive Child（ハイリー・センシティブ・チャイルド）」と名づけました。略して「ＨＳＣ」です。

どの社会にも15〜20％、およそ5人に1人の比率でこうした敏感氣質の人がいると言われています。ＨＳＰ、ＨＳＣは心理学の概念で、病氣や障害ではないので、どこかの機関で調べてもらったらわかるものではありません。敏感すぎるのは弱さやわがままではなく、生まれ持った「氣質」です。

ここで「ＨＳＰ」「ＨＳＣ」を紹介したのは、「5人に1人は、敏感さをもって生きづらさを抱えているかもしれない」と知ることで、その人に対する理解が深まり、救われる心があるからです。敏感さを抱え、生きづらさを感じている人もいます。

生きづらさを知ろうとする

なぜ、生きづらさにつながるのか。

刺激に対して過敏に反応されている状態は、非常ベルがずっと鳴らされ続けるようなものです。不安や恐怖を強く感じながら生活します。「危なそうだからやめておこう」「怖いから近づくな」という信号がずっと出ている状態。つまり、不安の回路が過剰に反応し続け、マイナスの感情に支配されやすくなる状態です。

北海道の十勝むつみのクリニック院長、精神科医の長沼睦夫先生は、敏感さに悩んでいる人たちを救う活動を続けています。著書や講演からも「ＨＳＰ」を知ってもらう活動を精力的にされています。

「ＨＳＰ」という概念を知った、今までずっと自分の「繊細さ」に悩んでいた人からは、「ＨＳＰ」を知って、自分はまさにこれだったと氣づきました。長い間、なんとなく人と違う、生きづらいと感じていた理由がこういうことだと知ることができて、とても救いになりました」との声が多く届いているそうです。

私たちは、「知る」ところから。そして次にできることを考えます。「知る」ことが理解を深め、理解がその人の心を救います。やがて安心して学べる環境へと育っていきます。

☆元氣アップ＆やる氣アップの秘訣30

相手を知ろう、わかろうとする氣持ちで「安心」につなげる

4　発達障がいについて

神経発達症

発達障がいとは、発達の過程で、脳の各部をつないでいる回路がうまく機能できずに起きる症状です。現在は、神経発達症と呼ばれるようになってきています。

アインシュタイン・エジソン・坂本龍馬・スティーブジョブズなど、発達障がいを持っていたと思われる偉人たちは多いですね、ディスレクシアであると公言した俳優のトム・クルーズ、映画監督のスピルバーグもそうです。

スピルバーグ氏は学習障がいをもつ若者へのメッセージとして、「学習障がいは、思っているより一般的だ、君は1人じゃない、対処法もあるし、それが原因で人生が不利になるわけではない」と語っています。

日本の俳優の栗原類さんは著書「発達障害の僕が輝ける場所をみつけられた理由」（KADOKAWA）の中で、次のように述べています。

「親や主治医が早い時期に障害を言ってくれて、弱点というか、自分ができることとできないことがよりわかりやすくなった、そういう周りの環境があるから今がある」

発達障がいを持っている人すべてが、特別な秀でた個性を持っているわけではありませんが、「強み」を活かした生き方ができたら、人生をどんどん輝かすことができると思っています。

発達障がいの二次障がい

暴力や窃盗などの問題行動、ひきこもり、不登校などは根底にある発達障がいが原因となっていることがあります。その場合、これらの行為は発達障がいの「二次障がい」だと考えられます。本人も周囲の人もこうした二次障がいに苦しみますが、適切な理解と対応で、苦しみを軽減していくことができます。

私がはじめて高校教師になった頃、まだ発達障がいというキーワードは教育現場でも出てきておりませんでした。その学校では当時、暴力や器物破損を初め、様々な問題行動がありました。今考えると、問題行動を起こしていた生徒たちは、発達障がいで「二次障害」を引き起こしていた可能性が高いとも予想できます。

ただ、発達障がいといっても、１人ひとりみんな違います。ＨＳＰで出てきた、超敏感な感覚を、発達障がいの中にも持つ人がいます。「感覚過敏」と呼ばれています。五感に過敏性があったり、体の動きやバランスに過敏があったり、手足の動き、筋肉の伸び縮み、力の入れ加減などの感覚に過敏、あるいは鈍麻（どんま）があったりすることがわかっています。

ＨＳＰの敏感さとして説明される部分と似た特性があります。これらの症状として表れている過敏さと、ＨＳＰの敏感さというのは区別するのがとても難しいと言われています。

発達障がいの人すべてに「感覚過敏」があるわけでもなく、ある人もいれば、ない人もいます。強く出る人もいれば、少しだけ出る人もいます。つまり、人それぞれみんな違うのです。

共通なのは「困り感」があること。そこを理解して、本人が前に進めるサポートをしていきます。本人の「できること」「得意なこと」「強み」を引き出していきましょう。「苦手なところ」「弱み」に関しては、適切なサポートをすることで目立たなくしていき、困り感を小さくしていくことができます。

根っこは、その人のことを知ろうとする、理解しようとする氣持ちです。

> ☆元氣アップ＆やる氣アップの秘訣31
>
> 「何に困っているか」を理解していく

5　不登校という尊い学び

30万人が悩んでいる

不登校のご相談も、増えてまいりました。

文部科学省は、病氣や経済的理由以外で年間30日以上の欠席があった場合を不登校と定義しています。平成29年度の調査によると不登校中学生は10万人。ここには当てはまらない、学校に来ても教室に入れない、いわゆる不登校傾向の子どもは、その3倍の30万人にもなると言われています。

すべてのケース、みんな違うと思っています。

いじめられて追い詰められているような状態だとしたら、行く必要などありませんし、行ってはいけません。行きたくない原因がよくわからない場合、この子の怠慢かもしれないし、言えないでいる何かを抱えているかもしれません。

私の中での（現在の）不登校に関する結論は「『学校へ行く』ということをゴールとしない」です。

不登校が続くようでしたら、明るい不登校を目指します。

親たちが学校に行かないことに対して、過剰に反応しないことで、少しずついい方向に向かうと思っています。

学校に行かなくても、朝起きて活動をしたいですね。

①朝決まった時間に起きる

②規則正しく生活する

③なるべく昼間は、外に出て体を動かす

その子によって抱える状態は違うと思います。医療現場と上手にタッグを組みながら、その子の成長に応じたアプローチをしていけばよいと思っています。

最近では、「起立性調節障害」と診断された方が、不登校との絡みで悩むケースも増えてきました。

自分がどんな状況なのを知り、それを受け止める。そして、信頼できる大人と一緒に前に進む。そんな安心環境が生まれるのが理想です。

ゲームは人生の役に立つ？

先日、ずっと不登校でゲームばかりやっていた小幡和輝さんが起業して、さらに本を出しましたね。タイトルは「ゲームは人生の役に立つ　生かすも殺すもあなた次第」（エッセンシャル出版社）です。ゲームをやらせたくない親は、見せたくない本かもしれません（笑）。

しかし、この本は画期的です。ゲームの悪いところばかりピックアップされがちですが、小幡さんはゲームでスキルを高めて、仕事や勉強に活かしていく方法を解説しています。わが子がゲームにはまって困っているという方にも読んでいただけたらと思っています。

ちなみに小幡さんは10年間の不登校中、ゲームに3万時間を費やしましたが、高校生のときに起業した後、国から「内閣府地域活性化伝道師」として任命され、現在、地域活性のお仕事に情熱を燃やしています。1日8時間ゲームをして、1年間で3000時間です。3万時間というと10倍。10年ですね。結構ハードな時間です（笑）。

中学生の不登校の場合、内申点が悪くなり高校受験に響くことを氣にされる方や、学習の遅れを不安に思う方も多いですが、北海道の公立高等学校の場合で言えば、不登校であったから不利になるということはありません。

私は、元北海道公立高等学校の教諭です。入学選抜試験委員も何度もやっておりますが、むしろ不利にならないような配慮すらあります。推薦での進学はさすがに難しいと思われますが、私立高校さんはさらに柔軟な配慮がありますね。

今は増えている学ぶ選択肢

「学び方にもたくさんの選択肢がある」という時代の流れをつかみながら、レベルアップしやすい環境を選んでほしいです。

今、私が注目しているのは通信制高校の存在です。少子化が進み、公立高校がどんどん廃校に、学校と学校が統合している中、通信制高校の需要が増え続け、学校も増えていますね。

名門進学校と通信制高校に進学するか悩んで、どうしてもやりたいことを実現するために、拘束時間の長い全日制高校ではなく、時間に融通の利く通信制を選ぶ生徒さんも増えてきました。自分のやりたいことを明確にして、挑戦することは素敵なことです。やってみたらイメージと違ったでも問題ありません。まずやってみることに価値があります。

また不登校に関しての情報は、「不登校新聞」の発信に注目しています。元不登校の生徒さんの活躍、ナマの声などもたくさん登場して、今、不登校で悩まれている方々の励みになると思っております。「不登校新聞」はＮＰＯ法人全国不登校新聞社が発行する、不登校の専門誌です。

情報をうまくゲットしていきましょう。そして、あなたが明るく前に進める情報や人とつながってほしいと思っております。

不安や恐怖をあおる情報ではなく、前に進める情報。

不登校は、けっしてご両親のせいではありません。

色んな要素が複雑に絡み合っていたり、本人も原因がわからなかったり、病氣が隠れていたり…。

だから不登校の親御さんは、どうぞ自分を責めないでくださいね。

あなたが信頼できる、明るく前に進めそうな第三者とつながってみてください。

そして私は、お子様が不登校になった、あるお母さんの言葉が忘れられません。

「子どもが不登校してくれたおかげで、人生をとっても見直しました。尊い学びです」

☆元氣アップ&やる氣アップの秘訣32
不登校は、明るく前を向いている人の発信に耳を傾ける

6　心と体を元氣にする3つのアプローチ

具体的な3つの対処法

ゲームにしても不登校にしても発達障がい等にしても、具体的な対処法はその子によって違うと

思っています。

私は色んな方法を試しながら、合っているものを探すというスタイルでよいと思っています。

ただ、あまりにも１つのことに固執しすぎるのではなく、柔軟にできれば楽しく、様々な角度からのアプローチを試してみる姿勢が必要であると思っています。

私は、心とカラダを元氣にする方法として、次の３つのアプローチについて、特に注目しています。

①栄養面からのアプローチ
②芸術面からのアプローチ
③スピリチュアル面からのアプローチ

今後もっと研究も深まるでしょう。複合的に組み合わせることで効いてきたり、始めた途端に急に効果を発揮したり、これまた人によって様々だと思うのです。栄養と今まで実践してきた運動を組み合わせたら、すごく調子がよくなったという場合もあるでしょう。

それでは１つひとつ紹介していきます。

①栄養面からのアプローチ

「體」。この文字を読めますか。

骨を豊かにすると書いて、実は「カラダ」と読みます。「体」の旧字体が「體」なのです。

そもそも体って骨を豊かにすることでできてくるものなのです。体づくり、そして栄養面について今一度、考えてみませんか。

医療とは上手にタッグを組んで、前に進む必要があると思っていますが、専門学校講師時代に、ある精神科で残念な医師の対応を見てから、「薬」については、慎重な対応を取るようにしています。

薬が怖いと言っている社交性不安障害のA君がおりました。私は彼の親代わりとして、一緒に精神科に行きました。そこではA君は、その医者に怒られておりました。その医者は言いました。

「なんで薬飲まないの。君の症状だと薬飲まないとだめだよ。学生さんでお金ないんでしょ？　今、治験で君の症状に合うものあるから試してみて。治験は担当者が隣にいるから、その人から話聞いて」

私が横にいてもそんな対応でした。そのとき私は精神科の先生って心の専門家と思っていたのですが、どうやらそうではないらしいぞと思いました。もしかしたら、その先生だけかもしれません。でも、薬についても精神科医についても、深く調べるきっかけになりました。

今、私の中での結論は、精神科の治療での薬は、副作用で苦しんでいる場合も多く、できるだけ薬ではないアプローチをすすめたいということです。もちろん投薬が必要なときもあるでしょう。ただ、特に小児の疾患では、「薬は避けられるのであれば避ける」がベターと思っております。

そこで注目しているのが、栄養面からのアプローチです。これはすでに広島県にある心療内科クリニックの精神科医、藤川徳美先生が1つの結論を出してくださっています。

質的栄養失調を改善することによって、心の病氣の多くの患者さんが完治していること。栄養状態を改善しながら薬を徐々に減らし、病氣を完治させ、最終的に薬をやめることを目指す。

藤川先生がすごいのは、藤川理論のすべてを著書やＨＰで公表していることです。成果のあった実践をどんどん報告してくれています。藤川先生の情報にたどり着いていない方は、ぜひ情報キャッチしてください。自分で調べて実践できるように情報を公開しています。

お子さまの不調、やる氣の出ない症状、もしくはあなたの不調が、栄養面を整えることでよくなっていく可能性が高いです。また、お子様の不調の多くに、母親の質的栄養失調があるとも指摘しています。親子で栄養面を整えてみませんか。

「しおちゃん、いつも元氣いっぱいだけど食事療法とかどんなことやっているのですか？」と私自身が何を摂取しているかについてのご質問もよくいただきます。私も薬ではないアプローチについての勉強をずっと続けております。めちゃめちゃ調べました。

今、一番注目していて、意識して摂取している栄養は「核酸（ＤＮＡ／ＲＮＡ）」です。私も、そして大切な家族、両親にも一緒に摂取してもらっています。

「核酸」の効用については、エビデンスも続々出ておりますが、医療分野でもさらに注目されていますね。その「核酸」をずっと研究し続けているフォーデイズさんの「ナチュラルＤＮコラーゲン（核酸ドリンク）」というサプリメントをずっと愛飲しています。

☆元氣アップ＆やる氣アップの秘訣33

体に入れる栄養面を整えてみる

②芸術面からのアプローチ

アーティストとは「他者にプラスの影響を与える者」という定義が、私の中でしっくりきています。

一口に芸術といっても様々です。高校の芸術の授業としては「音楽」「美術」「書道」という教科として存在しています。そして、私の高校教師時代の同僚の芸術の先生って、どの先生も魅力的な方ばかりでした。

芸術というとものすごく幅広いですが、私がここでお伝えしたいのはまさに、音楽・美術・書道なんです。学校現場でも、今後この芸術の授業をなくすことも、減らすこともしてほしくないです。入試科目ばかり重要視して、芸術科目を減らしてしまうような動きは、損失が大きいと思っています。芸術の可能性ははかりしれないものと思っています。アートの力は、今後ますます注目され、今以上に人の心と体を元氣にする存在となると信じています。

【音楽の力】

北海道札幌市に、響きの杜クリニックという産婦人科があります。院長の西谷先生は統合医療を研究されている第一人者です。様々な角度から患者さんへのアプローチを行っています。最近では「ディジュリドゥ」という楽器の呼吸法を使って、身体の循環を活性化させる健康法を活用しています。西谷先生のアプローチの中でも特に面白かったエピソードを紹介します。

精神的に参って、ヘロヘロになっている女性に対して西谷先生は次のように言いました。

「このライブ行ったらいいよ」とライブに行くことを勧めるのです。
「は？　先生、何言ってるの！　私、ライブとか全然そんな氣分じゃないんだけど」と女性は怒りましたが、先生の言うことだからしょうがないと渋々そのライブに行くのです。
そして、ライブで、どばーっと浄化の涙を流したのち、彼女の症状はみるみる改善していくのです。
そのライブのミュージシャンはＡＫＩＲＡさん。画家でもあります。
私は、そのお話を、実際に涙で浄化して症状を改善させた女性から聞いて、嬉しくなりました。アートの力が医療現場でも活躍している好例です。
ＡＫＩＲＡさんの歌の中にこんな歌があります。
「負けろ　負けろ　負けろ」
敗北の味　知るものだけが
人を救えるから
負けろ　負けろ　負けろ
敗れる痛みを知りなさい
負けろ　負けろ　負けろ
失う勇氣を持ちなさい
傷つく数だけ強くなる

（作詞　作曲　ＡＫＩＲＡ）

勝ち組とか負け組とか、そんな言葉が流行ったときもありました。勝ちとか負けという価値観が人を苦しめているときがあります。勝ちたいという思いにとらわれている方もいますね。

ＡＫＩＲＡさんの歌詞は、負けを知ることで、敗北を知ることで、強くなるという、私たちに氣づきを与えてくれる歌です。

今後は楽しみ組、楽しませ組、面白く生きてる組、ゆるしをマスターした組、しあわせ連鎖組などが活躍し、必要とされる時代でしょうね。

アーティストたちは、いち早く氣づいている。

人の心にダイレクトに届く歌って、すごいなと思っています。

ミュージシャンたちの素晴らしい力

北海道で活躍するサラリーマンシンガーソングライターのいとたいさんのいじめをテーマにした「いい日になれ」、自死をテーマにした「死にたいって言うやつ死ね」もぜひ聞いていただきたいです。YouTube ですぐに視聴することができます。

仲間たちと「笑顔にひらく花コンサート」というイベントを、北海道千歳市で開催して8年になります。「障害があるなしにかかわらず、笑顔で暮らせる優しい社会を目指して」をコンセプトに、駒澤大学附属苫小牧高等学校の吹奏楽局のみなさん、チアリーディング部のみなさんの協力のもとつくり上げているコンサートです。

ここには全盲の歌姫として活躍するシンガーソングライターのＷＡＫＡＮＡちゃんをはじめ、地域のママシンガーハナノタネむつみさんなど、様々なゲストとともにステージを創りあげています。最近では１０００人を超える方が集うコンサートに育ってきました。音楽の力の偉大さをビンビン感じる瞬間でもあります。笑顔の花がたくさん咲きます。

アーティストたちが、それぞれの個性で、エネルギーを発信してくれています。世の中にできる貢献をしてくれています。

ぜひ自分の感性に合ったアーティストと出会って、音楽の力をあなたのうまく人生に盛り込んでほしいなと、強く思っています。

【美術の力】

北海道岩内高校に教師として勤務していたときに、福田好孝先生という素晴らしい先生がいました。福田先生の指導を受けた生徒たちは、自分の中にある、静かな氣持ちと自分の感性と向き合いながら、作品を完成させていきます。

福田先生のもとで育つ美術部の活躍はさらに目覚ましく、卒業後もアーティストとして活躍する教え子たちも多いですね。福田先生は、教師を退職された今も、地域に求められ、岩内町にある木田金次郎美術館などで絵画教室を展開しています。美術の素晴らしさを伝え続けてくださり、とても嬉しく思っています。

3色パステルアート

また、簡単に体感できるアートとして「3色パステルアート」(3colors代表　浜端望美さん)をオススメしています。2012年から精神科デイケアから活動がスタートした「赤」「青」「黄」の3本のパステルだけを使用するアートセラピー（芸術療法）です。脳科学と心理学をベースに開発された独自の技法で、パステル画を描きます。

私の身近では仲間の加藤さおりさんがインストラクターとして講師を務め、放課後児童デイサービス、高齢者施設などでも大活躍です。ねり消しをネリネリする場面も、なんだかほっとする時間です。小さい子から大人まで真剣に楽しめるというところがスゴイですね。インストラクターが全国で活躍中ですので、ぜひ近くで展開している3色パステルアートを体感してみてください。

【書の力】

書道も素晴らしいです。今でも、北海道岩内高校で書道を教えている佐藤毅先生には、作品から、そしてその人間性からも多くの元氣をいただきました。

毅先生の授業を受けた生徒たち、書道部だった卒業生たちの活躍がこれまた光ります。毅先生は、書道でも一流なのですが、太鼓局の顧問としても岩内町の伝統芸能を守り続けています。さらに、地元のお祭りでは、みこしを担ぎ続ける、地域愛あふれる方でもあります。

私も筆を持つことは大好きで、よく筆ペンを使います。筆で文字を書くと、背筋が伸びて、自分の中のシャキッとスイッチが入る氣がしています。

日本人として、今一度「書道」に触れてほしいなとも思っています。

ただ、書道というと敷居が高い、文字を書くことにコンプレックスを持っている方も多いようですね。

伝筆（つてふで）というアート

そんな方にピッタリの伝筆（つてふで）を紹介します。一般社団法人伝筆協会代表理事の侑季蒼葉先生が考案した「伝筆」ですが、全国の講師たちが、文字にコンプレックスがある人たちを、筆好きに、そして、言葉で人を元氣にするメッセンジャーに変身させています。

これもすごいことだと思っています。私も伝筆を学ばせていただき、伝筆を活用してはがきを書いていますが、たくさんの方に喜んでいただいております。

伝筆↓検索で調べてみてください。そして、あなたの周りにいる伝筆講師から伝筆体験してみてください。きっと、わくわくで誰かにメッセージを届けたくなることでしょう。

☆元氣アップ＆やる氣アップの秘訣34

アートに触れる、アートを感じる

③スピリチュアル面からのアプローチ

「ス・ス・スピリチュアルって、しおちゃんそっち系？」

こんなふうに言われてしまいそうなタイトルですね。日本ではスピリチュアル的な視点も、かなり定着してきたとも思えますが、まだまだ抵抗感を感じる方や怪しいと思ってしまう方が多いのも事実です。伝え方って難しいと思っています。

ただ、これだけ価値観が多様化して、精神疾患の方が増えていく中で、「メンタルケア（心のケア）」と「フィジカルケア（カラダのケア）」だけでは不十分だと思っています。

つまり、メンタルケアとフィジカルケアのアプローチだけでうまくいくケースも、うまくいかないケースもあるということです。

スピリチュアルケア

そこで、もう1つの視点、スピリチュアルケア（魂のケア）という視点が入ると、人生のあらゆる事象を前向きに捉え、しかも強く生きていけるのです。

またメンタルケア、フィジカルケアで良好な結果が出ている人も、スピリチュアルな視点を上手に取り込むことで、さらに人生に対して「しあわせ感」や「使命」を感じて生きることができるようになります。

もともと日本には、目に見えない力を大切にする、味方にするという価値観がありました。

八百万の神、神々は様々なところに宿る。また、イザナギとイザナミの国生みの物語を含め、日本の神話、歴史も実は、スピリチュアルに満ちています。

スピリチュアル面からのアプローチとは、「魂」という概念を上手に信じることだと私は思っています。人生はこの「魂」を成長させるために生まれてきたという視点です。

それを落とし込めたら、あらゆる事象が、急につじつまが合ってきます。また、ただ何となく生きる生き方から、人生の意味を考える、使命を考えることができるきっかけにもなります。

魂の成長のための人生、そして人生劇場

「魂を成長させるためにこの世に生まれてきた」という視点を持つことは、自分に起こる様々な苦難や試練が、大切なステップであると捉えることができることでもあります。

さらに、実はこの試練や失敗や逆境は、自分が自分で書いたシナリオで、「シナリオ通りの人生を順調に生きている」という「人生劇場」という捉え方ができるようになったら、今目の前に起こっている事柄のすべてが、尊い学びの場と思えます。

丁寧に生きようとします。すべてが正解と思えてきます。間違いなど存在しない。私はこのまま存在していい。私が生きていることに、この魂の成長の人生劇場に、大いに価値がある。

そして、もしも自分にとって嫌いと感じる人、苦手な人がいたとしたら、その人は、実は、悪役を演じてくれている愛あるメッセンジャーかもしれないと勝手に（笑）思うこともできます。

体内記憶と魂

体内記憶の第一人者である池川明先生は、生まれる前の記憶を持つ子どもたちの研究を続けながら、「魂」というのはどうやら存在するようで、子どもたちはお母さんを選んで生まれてくるとともに、それぞれやるべき使命を持つようだとメッセージを発信してくれています。

私たちは、今一度、何のために生まれてきたのかということを考える必要があるでしょう。

スピリチュアル面からのアプローチは難しいものではありません。私は、特定の宗教団体組織には属しておりませんが、どの宗教も尊重しています。そして、地球上に住むすべての人々は、宇宙平和、光、愛、調和を実現するためにエネルギーを創造するために生まれてきた、と考えています。

最近「あなた宇宙人でしょと」いう会話が、私の周りでは冗談交じりですが飛び交いますが、あんまり違和感ありません（笑）。地球に生きる人だけでなく、全惑星に存在する宇宙人の究極的な目的が宇宙平和であり、今、地球で起こっている、戦争や飢餓、貧困、ウイルスによる脅威など、ネガティブな出来事は、そこから何を学ぶかと与えられた貴重な経験です。

コロナ禍で世界が揺れている中、私たちはここから何を学ぶかが問われています。難しく考えずにスピリチュアル的な視点を、ちょっと入れてみませんか。

☆元氣アップ＆やる氣アップの秘訣35

（魂の成長のために生まれてきたという）スピリチュアル的視点を入れてみる

7　ネガティブとの向き合い方

オールオッケー

「しおちゃんすっごいプラス思考だよね」

「結局はポジティブシンキングのことですよね」

このように伝えてくださる方もいらっしゃいますが、実は、私、もともとは神経質で、ネガティブで、クヨクヨしていて、おしっこに血が混じるタイプの子どもでした（笑）。小学生～中学生くらいまで、尿検はよく血が混じり再検でした（笑）。

そして、みなさんに強調したいのは、ネガティブを悪いものとは思っていないのです。もっと正確に言うと、よいも悪いもないのです。

この世の事象にはすべて意味があり、プラスもマイナスもない考え方で、今は落ち着いています。だから、一般的に否定的に見えることも、私たちの成長、そして魂の成長のために用意された、大切なもので、オールオッケー！　というスタイルです。

「元氣アップ＆やる氣アップの秘訣35（魂の成長のために生まれてきたという）スピリチュアル的視点を入れてみる」というのが自分の中でストンと納得できたら、自然の、そして宇宙の偉大な力に身を委ねながら、人生に起こることはすべて深い意味があると受け止めます。

もしも、みなさんが、プラスの言葉ばかり言っているシオヤのメッセージが、プラス思考のことを、ポジティブシンキングのことだけを言っていて、マイナスやネガティブを否定していると伝わってしまったらごめんなさい。私の伝え方不足でございます。

「マイナスオッケー」「ネガティブオッケー」そもそも、「プラスもマイナスもなくて、すべてがオッケー」なんです。

みなさんが今まで体験してきた、ネガティブと思われる体験も、実は「成功体験」だったり、もともと、みなさんに与えられている「幸運な人生」に氣づくことができるか、をお伝えできたらいいな～とゆるり思っています。

ネガティブーちゃん

作家のひすいこたろうさんが、「ネガティブの愛し方」ということで、とっておきの方法を教えてくれました。ネガティブを「ネガティブーちゃん」と呼ぶ。

この方法、ネガティブがとってもかわいらしくて、愛おしい存在になりませんか（笑）。

☆元氣アップ＆やる氣アップの秘訣36

ネガティブは、尊いネガティブーちゃん

第5章　親自身の元氣アップ

1　考え方・捉え方のトレーニング

この章では親自身が、さらに元氣アップする方法について、親自身のエネルギーを向上させることなどについて紹介していきます。

いいとこどりで

心理学を学ぶ仲間が多いです。ただ、心理を学びすぎて自分で整理できない状態になっている方もいます。心理を学びすぎて心折れるとか（笑）。脳科学もそうですね、脳を学びすぎて、パニックになるとか（笑）。

私は、講演などでは、心理学も脳科学も「いいとこどりでよいではないでしょうか？」とお話しさせてもらっています。もちろん心理学も脳科学も深めて学びたい方は、しっかり深めていただけたらと思っています。

大事なのは、心理学でも脳科学でも、活用したときに、人生にプラスに生きてくるということです。ネガティブが引き出され、人生がマイナスに向かうのであれば、使わないほうがいいでしょう。

私がよく紹介するのは、心理学の「ＡＢＣ理論」です。

世の中って、すべてＡ（事柄）Ｂ（考え方）Ｃ（結果）だよね。そして、Ｂのところを、あなたがらくちんになる、前に進む、考え方、捉え方をしてみませんかという提案です。

ＡＢＣ理論を簡単に説明するなら、次のとおりです。

ケース①雨が降ってきた

【事柄】　雨が降りました。

【考え方】うえー、雨だ……。

【結果】　なんだか憂鬱な氣持ちで１日を過ごした。

同じ出来事でも、考え方、捉え方を変えてみます。

【事柄】　雨が降りました。

【考え方】うほっ！　雨じゃん！　この前買ったお氣に入りの傘、使えんじゃん！

【結果】　なんだかルンルンで過ごした。

同じ事柄だけど、全然違いますね。

ケース②自分に厳しい人がいる

【事柄】　自分に厳しい（上司・先生・親・先輩等）がいる。

【考え方】なんで私ばっかりあんな人が近くにいるの……。

【結果】　いつまでたってもあの人との関係上手くいかない。

それをまた、考え方を修正します。解釈の仕方を変えます。

【事柄】　自分に厳しい（上司・先生・親・先輩等）がいる。

【考え方】ちょっと待てよ。今の自分に厳しくいってくれる人……考えたらあの人くらいかなぁ。私の人間的成長、精神レベルの向上と考えると、あの人の存在、ありがたいかもな……。

【結果】あれ？　あの人のこと、嫌じゃなくなってる。最近むしろ良好な関係なんだけど……。

考え方を変えることで、結果が全然変わってきます。

とは言っても、「しおちゃん、私そういうふうに考えられないのよ」という声も聞こえてきそうです。そうですよね、思考のクセってあるのです。

だからトレーニングしていきましょう。あなたが、らくちんに、前に進みやすいように、考え方、解釈の仕方のトレーニングをしていくのです。

☆元氣アップ&やる氣アップの秘訣37
あなたが前に進みやすい「考え方」を身につける

2　成長マインドセットとは

あなたが成長しやすい考え方

マインドセットという言葉が、最近注目されています。

マインドセットとは、その人が持っている基本的な物事に対する考え方です。そして、そのマインドセットは大きく2つに分かれることを、スタンフォード大学心理学教授のキャロル・ドゥエック氏が提唱しました。

この「考え方」が、すべての人の成長のカギをにぎるようです。

つまり「考え方」で成長が違うのです。

その2つの考え方は「成長マインドセット」と「固定マインドセット」です。

【成長マインドセット】

「能力は努力や方法によって変えられる」と信じる考え方

【固定マインドセット】

「能力は生まれつきで変えられない」と信じる考え方

そして、成長し続ける人が持っている考え方・姿勢として注目されているのが「成長マインドセット」です。

勉強でも人生でも、成長し続ける考え方は【成長マインドセット】。せっかくですから、それを身につけていきましょう。

成長しにくい固定マインドセット

【固定マインドセット】は、人の能力は生まれながら決まっているため変えられないと考えており、解決できない状況を「失敗」として捉えてしまいます。「失敗を恐れる」傾向があるのも、固定型マインドセットの特徴です。

また、自分が失敗した際にも、周りのせいにしたり、自分より成果を出していない人を見つけたりして安心を求めてしまいます。つまり【固定マインドセット】の人は、失敗を恐れ、難しい課題や状況を避けて、成長のチャンスをどんどん失ってしまうのです。

一方で、能力は変えられると信じている【成長マインドセット】の人は、問題に対して真剣に向き合うことができます。『今はまだ』できていないけど、できる!」と捉えることができるので、「次のテストまではもっと数学の基本問題を集中的に勉強しよう」とか「この課題はすでにクリアしているあの社長さんに聞いてみよう」と次のステージに向かえます。

【成長マインドセット】の人は、自分にとって難しい問題や課題から逃げることなく、むしろ自らの成長の可能性を信じて、挑戦を楽しめるのです。

日常の中で、困難な状況に直面した際に、自分がどんな反応をしているかを見てみましょう。「ゆるくいこう!」と言っているシオヤのメッセージとしては厳しく聞こえるかもしれませんが、あなたの根っこにある『考え方』が、あなたや周りの方の成長にブレーキをかけているかもしれません。

☆元氣アップ&やる氣アップの秘訣38

「成長マインドセット」で前に進む

3　自らできる「成長マインドセット」を育む方法

成長する「考え方」のクセづけ

では、その【成長マインドセット】はどのようにしたら身につくのか。あなたや周りの人たちにも活用できる方法を紹介します。

その方法は、２つの「考え方」のクセつけです。
①失敗してしまったときの、前に向かおうとする「考え方」
②「結果」ではなく「過程」を重視する「考え方」
そして、この２つの「考え方」のクセつけをしやすくするために、「質問」がとても有効です。
①②の考え方のクセづけを定着させる質問の例
自分で質問する、もしくは家族に仲間にチームに質問して一緒に考えるのです。

「どのようにしたら、成功に近づきますか」

「今回のテストでうまくいったことは何ですか」

「今回の取組みで、よかった準備は何ですか」

「自分の中でうまくいった時間の使い方は何ですか」

「次によりよい準備を生み出すとしたら、どんな工夫ができますか」

「事前に『出し切る』ためにどんなことに注意するとよいですか」

「目標達成を邪魔するもの（邪魔したもの）は何ですか」

「その邪魔するものの対策をどうしますか」

「この目標が達成したらどんな力が付いていると思いますか」

質問ですぐに答えが出てこなくてもいいのです。考えるトレーニングです。

待つことも大切ですね。後になって、質問に対する自分の答えが出てくることもあります。

テストの点に一喜一憂しない

中高生の保護者さんなど、特にテストの点数などに一喜一憂しがちですが、点数のよかった結果だけを褒めたり、できていないところを指摘したりするだけのアプローチでは【固定マインドセット】を助長してしまう恐れがあります。点数がよくないと褒めてもらえない、失敗してはいけないという【固定マインドセット】の植えつけです。

結果のみに焦点を当てず、過程を褒めることによって、受け取る側も次も過程を大事にしようとします。「最後まで氣持ちを切らさずに、頑張っていたのがよかったよ！」という過程にフォーカスしてみてください。

結果だけではなく、そこにたどり着くまでの過程の重要性、尊さが見えてきます。そして、その質を上げようと次の努力につなげることができます。

失敗してしまったときが、さらなる成長のチャンス。そこから学ぶ姿勢を育みます。「結果」ではなく「過程」を重視して、その挑戦自体をまた再現しようとする姿勢を育みます。

人生を前向きに生きることのできる【成長マインドセット】の考えを、親子で育んでいくのです。

> ☆元氣アップ＆やる氣アップの秘訣39
> 成長につながる考え方を、質問で育む

4　安心のエネルギーを大きくしていく

お母さんが安心すること
・基礎学力をつけていく。
・勉強のやり方を知る。
・やる氣を育てる。
・自信をつけさせる。
次の章でも紹介しますが、お子様の「学力向上」というところにフォーカスするならば、この４

つを整えていくことが大事です。

ですが、その前に、すべてが加速してよくなる、とっておきの方法を先に紹介しましょう。

この4つを育てることを、樹木が育っていくと例えるなら、これからご紹介する方法は、いわば土台の部分、土壌を整えることに相当します。

そのとっておきの方法とは『お母さんが安心する』ことです。

お母さんが安心する

←

家庭がプラスのエネルギーに満ちたムードとなる

←

子どもたちが安心して成長できる環境ができ上がっていく。

そして本書を読んでくださっているのが、お父さんであるならば、ありがとうございます。貴重な、貴重な男性の読者です(おそらく本書を手に取ってくださっているのは、多くはお母さんでしょう)。

お父さんは奥様を笑顔にする

お父さん！　あなたの、最大・最強の仕事は「お母さんを笑顔にすること」そして「お母さんを安心させる」ことでございます。

「しおちゃん、うちはシングルマザーなんだけど」

「経済的にも厳しくて、安心がなかなかつくれないのよ」

「うちの旦那、私に安心なんてくれないわよ。むしろ不安しかくれないけど」

「えっ⁉　お母さんの安心⁉　てか私なの？」

このように思われたお母様。不安な氣持ちや、嫌な氣持ちにさせてしまったとしたら申し訳ありません。お母様たちを責めるつもりは全くありませんし、旦那様を責めるつもりも全くありません。

むしろ、この激動の世の中での、日本の宝である子どもたちを育ててくださり、感謝しかありません。

シングルマザー、シングルファザーの方々は、時に父性と母性の両方を持ち合わせながら、子育てに奮闘されていることでしょう。子育て、本当にありがとうございます。

子どもはお母さんの影響を大きく受けます

ここで言いたいのは、子育ては、お母さんの影響を強く受けるものであるということは、紛れもない事実であり、その事実は、事実としてきちんと受け止めましょうということです。

お母さんの心の状態が、そのままお子様たちの心の状態を表すことがあるのも事実です。

時として、お母様とさらにお母様のお母様（お子様のおばあちゃん）との関係で悩まれていることが、お子様の問題行動で出ているケースもあります。お母さんが抱える母とのトラウマが子どもに出ているケースです。

日々の生活での不安や恐れのエネルギーが、お子さまたちに伝わっているときもあります。

そして、あなたが選択したすべてのことは、間違いなど1つもありません。人生がどの方向へ進んでいても、すべてはなるべくしてなっています。あなたは、あなたが選択した人生を今も生きています。

ただ、人生を祝福してみてください。安心してください。あなたの人生は、それ自体で喜びです。大丈夫、大丈夫、大丈夫。すべてうまくいっています。準備されている学びです。すべて順調です。安心して進みましょう。

☆元氣アップ&やる氣アップの秘訣40
親が安心しましょう

5 エネルギーを高めるヒント

あなた自身のエネルギーを高める方法

「しおちゃん、じゃあ安心のために、いったいどうしたらいいの?」

安心を大きくするために、生きるエネルギーを高めていきませんか。エネルギーを高めて、運氣もアップさせちゃいます。

笑顔でいる時間を増やしていくのです。簡単にできる方法を紹介していきます。

あなた自身のエネルギーを高めていく方法

まずは本書を持ち、１人になれるところに行ってください。１人になれたら、静かに深呼吸します。

そして、右手の手のひらを頭の上にのせてください。てっぺんのあたりです。てっぺんにおいた手のひらを、おでこに向かって静かに移動させてください。おでこのところまできたら、また手を頭のてっぺんにのせて、そして再び静かに移動させてください。

最後にそれを優しく繰り返しながら、「いーこ。いーこ」と言ってください。

これが『遠隔いーこいーこ』(頭ナデナデ)です。作家のひすいこたろうさんに教えていただいた、すごい技です。

自分の頭を優しくなでてあげてください。そして「いーこいーこ」とＯＫを出してあげてください。

あなたは本当によくやっています。ありがとう。

☆元氣アップ＆やる氣アップの秘訣41
自分の頭をなでて「いーこいーこ」と言う

イライラを解消する方法

「しおちゃん、私、イライラしてんだよね」

このような方は誰もいないところに行ってください。できれば動き回れるところが好ましいです。

イライラしている方は、イライラしたままでいいんです。

では、次は何をするかというと、「私、イライラしてる」って言いながらスキップしてみてください。思いっきりスキップをするのです。

「私、イライラしてる。私イライラしてる。私イライラしてる」って言いながら、体はスキップしてみてください。手なんか横にふれたらサイコーです。たまに手と足一緒になっても全然いいです（笑）。

心と体はリンクしています。スキップしているうちに、「あれ、私のイライラなんだっけ？」となっていることでしょう。もしもあなたが男性で、今どうもイライラしている方は、これから難しい会議や商談に行くときとかもスキップで行ってみてください。ただ、それは一応、お客様含め、皆が見えない場所での実践をオススメします。

そして、本書を読んでくれている学校の先生がいるとしたら、ちょっと重ための生徒指導がらみの職員会議など、スキップで向かってほしいなと思っています。この方法、管理職研修会などでも紹介していますが、みなさんの周りにスキップしている部長や教頭先生などを見かけたら、シオヤの話聞いたなと思ってください（笑）。

☆元氣アップ＆やる氣アップの秘訣42
イライラしたら、スキップしてみる

6　日本語歌詞の誕生日の歌

お誕生日の歌と言えば

引き続き、みなさんのエネルギーを高めちゃう方法をお伝えします。

さて、みなさんは、お誕生日の歌と聞いて頭に浮かぶのはどんな歌でしょうか。ほとんどの方が「ハッピーバースデイ　トゥーユー」ではないでしょうか。

お誕生日の歌と言えば、ハッピーバースデートゥーユー♪　ドリカムも「ハッピーバースデー」という歌つくってます。ユーミンは「たんじょうびおめでとー」って歌っておりますね。

それにしても、日本ってどこまでアメリカナイズされているのでしょうか（笑）。ここは日本ですよ！

このハッピーバースデートゥーユーの日本語歌詞があるのをご存じでしょうか。

祝えやいざ

君の誕生日
いついつまでも　※ここで【はいっ】と入れると次がそろいます
健やかなれ

私はこの歌詞に出会ったとき、しびれました。「本当！　素敵だな〜」と感動したのです。とても日本的情緒にあふれ、お誕生日のお方に対する尊敬の念とその人が前に進む愛のメッセージにもなっております。

「見事だな〜」と思っていたら、作詞は、「青い山脈」で有名な、国民栄誉賞も受賞されている藤山一郎さんでした。

私がこの情報をキャッチしたのは2011年ごろです。1992年（平成4年）に日本語の「誕生歌」普及会、会長として徳永圀典さんが世に発信してくださっています。鳥取北RC（ロータリークラブ）で歌われていたのを、徳永さんが感動して普及していったそうです。私は「木鶏研究会」というキーワードから、ここに辿り着きました。

笑華尊塾では、よく歌っております。講演のときにも、その日にお誕生日の方がいたら歌わせていただいております。

さあ、今日は本書を読んでくださっているあなたに、歌わせていただきます。今日が誕生日じゃない？　いいんです。あなたが生まれたことを祝いたい。よかったら、一緒に歌いましょ♪

祝え〜やーいーざー

きーみのー誕生日ー
いーついーつまーでーもー
（はいっ）
すーこやーかーなーれー

☆元氣アップ＆やる氣アップの秘訣43
お誕生日の歌を日本語の歌詞で歌ってみる

7　日本に生まれたことの奇跡

世界一の大都市「江戸」

お誕生日の歌の日本語歌詞を紹介しましたが、私、日本が大好きです。素晴らしい国だなと歴史を学ぶたびに思っています。日本人として生まれたことを誇りに思っております。

ちょっとだけ歴史「江戸時代」のお話をさせていただきます。学校の歴史教科書だけ読んでいると、江戸時代が鎖国をしていたために文化が遅れてしまったというイメージがありますが、とんでもないです。江戸は、世界一の大都市でした。

当時江戸の人口は１００万人を超えていました。京都の人口が約30〜40万人、大阪が約20万人位で、１８０1年、ロンドンの人口が86万人、パリ54万人で、１００万人を超える都市は江戸以外ありませんでした。いかに江戸が大都会だったかがわかります。

外国では衛生状態が悪く、ペストなどが蔓延することもありましたが、日本は、非常に衛生的で治安もよかったのです。さらに究極のリサイクル社会で、エコを実現していました。

物を大切に使い、何度も修理して使います。捨てるものはほとんどなく、糞尿までもが売買され再利用されていました。お風呂では精米で出た米ぬかで体を洗い、使用済みの米ぬかを商人が買い取り、糞尿と同じく農家へ畑の肥料をして売るという見事なエコの形。当時、そうしたリサイクル職人がたくさん街を練り歩いていたといいます。

高い教育力

さらに教育では全国に藩校や私塾、そして寺子屋という庶民の学校がありました。子どもたちはそこで「読み書きそろばん」の基礎を身につけていて、数学の実力はトップレベル。識字率は幕末当時の世界で世界一の7割〜9割と言われています。

また江戸しぐさという言葉があります。

「うかつあやまり」足を踏まれたら、踏まれた方も「こちらこそうっかりしておりまして」と不注意を詫びる。

「傘かしげ」すれ違うときに、傘を外に向けて、相手にしずくがかからないように配慮する。

こうした江戸しぐさも、人を思いやり、ともに暮らしていく日本人が大切にしてきた心として、ぜひ、見直したいところです。

私は江戸時代を紹介して、古きよき時代を、あの頃はよかったと懐かしむことをしたいのではありません。

人類は、私たちは、歴史から学ぶことができるのです。そして、教科書に載っていたことだけが歴史だけではありません。実は現在の中高生が使用する教科書の大半は、日本のことが嫌になるような構成になっております。

もしかしたら、みなさんの自信のなさは、自分の生まれた国のことを素直に好きと言えない、そんな洗脳からきているかもしれません。歴史をきちんと学んで、実は、素晴らしい国に住んでいることを感じると、感謝が生まれてきます。

今一度、日本の歴史を学んでみませんか。

☆元氣アップ＆やる氣アップの秘訣44

日本の歴史を学び、自分の住む日本を感じる

8　ぶっちぎりの効果を発揮する「カゲボメ」

氣になる「できない人」に対して

高校教員時代に、経営コンサルタントの福島正伸さんにこんな質問をしてみました。

「教員間の仕事の差（指導力不足の教員）が氣になって、もっとやってくれよ……なんて思うことがあるんです」

すると、福島先生はこんなアドバイスをくださいました。

「その先生のよいところを、その先生のいないところでお話してみてください」

このアドバイスを聞いたとき、ガツンと頭をぶん殴られたような氣がしました。私、その先生のよいところを全然見ていなかったのです。自分のことばっかりで傲慢になって、見えなくなっている部分がたくさんあった私を、福島先生はやさしく、でも強くメッセージを送ってくださいました。

これが『カゲボメ』です。

その人のいないところで、褒めちゃう。

私、その先生のことを生徒の前や、ほかの先生の前で褒めてみたんです。すごい効果が表れました。氣が付くと、その先生の仕事が不十分なところなど、全然氣にならなくなっていました。そして、それどころか、その先生のことを好きになっていました（笑）。

「こんなにいいところあるじゃない」「こんな生徒思いのところあったんだ」「この先生の授業に救われている生徒たち、けっこういるな」など、私は今までその先生のことを、ちっとも知りませんでした。一部分だけ見て、勝手にジャッジしていました。

この『カゲボメ』は、あらゆるところで、ものすごい効果を発揮しちゃいます。

お子さんを『カゲボメ』してみてください。お子様の欠点や、できていないことなどは、どうしても会話に多くなりがちです。夫婦の会話の中で、自分の親（お子様のおじいちゃん、おばあちゃん）との会話の中で意識して『カゲボメ』を実践してください。

そして、ぜひ、あなたのパートナー（旦那様、奥様）を、お子様の前で『カゲボメ』してみてください。

パートナーの『カゲボメ』は、特にぶっちぎりで効果を発揮します。即効性がありますね。

補足でお伝えしておきますが、脳は主語を認識できないと言われています。『カゲボメ』は、誰かを褒めながら、あなたにやさしくメッセージを送り続けます。

あなたの心と体にもプラスの効果をどんどん発揮していきますよ。

☆元氣アップ＆やる氣アップの秘訣45

『カゲボメ』をしてみる

9　残念な人はスルーする

受け取らないお釈迦様

カゲボメを紹介しましたが、残念ながら世の中には、悪口を言ってきたり、陰口を言う人だって存在しますよね。塾生さんや子どもたちには「嫌なことをされたら、受け取らずにスルーしたらいい」と話しています。そのとき次のようなお釈迦様のエピソードを紹介します。

あるところに、お釈迦様が多くの人たちから尊敬される姿を見て、ひがんでいる男がいました。

「どうして、あんな男がみんなの尊敬を集めるのだ。いまいましい」

そこで男は散歩のルートで待ち伏せして、群集の中で口汚くお釈迦様をののしることにしました。

「お釈迦の野郎、きっと、おれに悪口を言われたら、汚い言葉で言い返してくるだろう。その様子を人々が見たら、あいつの人氣なんて、アッという間に崩れるに違いない」

そして、その日が来ました。男は、お釈迦様の前に立ちはだかって、ひどい言葉を投げかけます。

お釈迦様は、ただ黙って、その男の言葉を聞いておられました。弟子たちは悔しい氣持ちで、「あんなひどいことを言わせておいていいのですか？」とお釈迦様に尋ねました。

それでも、お釈迦様は一言も言い返すことなく、黙ってその男の悪態を聞いていました。

男は、一方的にお釈迦様の悪口を言い続けて疲れたのか、しばらく後、その場にへたりこんでしまいました。どんな悪口を言っても、お釈迦様は言い返さないので、虚しくなってしまったのです。

その様子を見て、お釈迦様は、静かにその男に尋ねました。

「もし他人に贈り物をしようとして、その相手が受け取らなかったとき、その贈り物はいったい誰のものだろうか」

こう聞かれた男は、突っぱねるように言いました。

「そりゃ、言うまでもない。相手が受け取らなかったら、贈ろうとした者のものだ。わかりきったことを聞くな」

男はそう答えてからすぐに、「あっ」と氣づきました。

お釈迦様は静かにこう続けられました。

「そうだよ。今、あなたは私のことをひどくののしった。でも、私はそのののしりを少しも受け取らなかった。だから、あなたが言ったことはすべて、あなたが受け取ることになるんだよ」

ネガティブなエネルギーに対しては、上手にスルーするということができるようになってくると、ダメージを受けなくて済みますね。

☆元氣アップ＆やる氣アップの秘訣46
残念なエネルギーは、上手にスルーする

10　ご先祖様に感謝する

1人かけても私は存在しない

私が、毎朝必ずしていることの1つに、「ご先祖様に感謝を届ける」があります。毎朝必ず線香を立てて、正座して心を落ち着け、感謝を伝えます。

自分の命。考えれば考えるほど、奇跡ですね。この自分が生まれたことは、奇跡以外の何物でもないです。私の両親どちらがいなかったら、私は存在しませんでした。

私の頭の中では、今、小田和正さんの「ラブストーリーは突然に」が流れています（笑）。

「あの日あの時あの場所で君に会えなかったら、僕等はいつまでも見知らぬ二人のまま」

両親が出会ってなかったら、というか、恋してなかったら、結婚してなかったら、もしも違う方と結婚していたなら、私は存在しない。

何か1つだけずれてもダメです。そして、父も、祖父母が存在しなかったら、生まれなかったのです。あの日あの時あの場所での小田和正さん状態が祖父母にもあり、さらに母もです。母の祖父母が存在しなければ母は生まれておりません。なんという奇跡でしょうか！

この段階で父と母、その両親（私の祖父母）で6人のご先祖様がいますが、もちろんご先祖様はそこだけじゃありません。

それぞれの祖父母にも両親がいて、それがずっと続きます。10代さかのぼったら１０２４人、12代前は４０９６人、14代前は１万６３８４人とご先祖様がいます。このご先祖様たちの、たった１人欠けても、私は存在しなかった。あの日あの時あの場所状態は、ずっとずっと続いているのです。私は感謝を続けます。この奇跡に感謝せずにいられません。たった1人欠けても、私は存在しなかったのですが、私が今、ここにいるということは、ご先祖様たちの、まさに命をかけて生き延びて、子どもを産み、育て、命をつないできてくださった証です。

氷河期も震災も、飢饉も戦争も乗り越えてきた

私は毎日「生かしていただいてありがとうございます」と届けます。

ご先祖様たちが、命をつないでくださったから、自分が誕生することができました。氷河期や震災や、飢饉や、戦争など色々あったでしょう。ただ、ご先祖様たちは、その試練を乗り越えて命をつないでくださった。

ちょっと不思議な話ですが、守護靈などが見える人が、世の中に貢献している絶好調の人を見ると、その人たちのことをご先祖様たちが、めちゃめちゃ応援していて、時に二人羽織のように守りながら、シャカシャカその人を動かしているのが見えるそうです（笑）。

私は、そんなことも、そりゃあるだろうな～と思っています。

実は今、本書の原稿書きながらなのですが、自分で書いている感じがしたいときがあります（す

べてではないのですが)。

勝手に手が動くというか。資料も何も見ずに、すらすらと言葉が浮かんで、ものすごい勢いでPCのキーボードをなでるようにして打ち込んでいます。

ご先祖様が守ってくださっているな、力を貸してくださっているなと感じています。そして、また、感謝せずにはいられないのです。

あなたのご先祖様たちも、あなたを応援したくてウズウズしています。でも、あなたが氣にかけてくれないと応援しずらいみたいです。「ありがとう」とご先祖様に伝えてみましょうか

☆元氣アップ&やる氣アップの秘訣47

ご先祖様に感謝を伝える

11　許すということ

許せない自分

「私ってホントダメな親。しおちゃんの言うこと、全部できてない。私のせいで子どもはこうなったんだわ……。やろうと思っていても、どうしてもできなくて。……自分が許せない」

「実は自分のことなんて一度も許したことがないです。子どもが障がいを持って生まれて、健康に、普通に産んでやれなかったことが悔しくて……私は、自分を許せないです」

私はみなさんのご相談をお聞きしたとき、自分の無力さを痛感しながら、ただお祈りすることしかできないことがよくあります。

どうか愛と光に包まれますように。そして、自分を許せない方にも、自分の人生をどうぞ祝福してほしいと心から願っています。人生は、すべてが順調な学びであると思える人は思えるし、そういう風に考えられない方ももちろんいらっしゃいます。

自分を許せないとき、心から許してなくてもいいから、次のセリフを声に出してみてください。

「許します。許します。許します。自分を許します」

心から思ってなくていいというところがポイントです。

他人を許せないとき

もしも他人を許せないときは、それは今まで目を背けてきたあなた自身を見ているときかもしれません。その人を許すことで、もっと自由になります。

否定的な感情によって自分自身を痛め続けるのは、もうやめにしませんか。許せない誰かや何かがあるとしたら、さきほどの言葉を次のように応用しましょう。

「許します。許します。許します。○○を許します」

○○に許せないことや人の名前を入れてみてください。いずれ、その効果に驚くと思います。

「しおちゃん、甘い。私、そんなもんで許すなんて氣持ちは起こらないから」という方は、ばっちり許さなくてOKです。時間をかけていきましょう。ただ、自分自身を許してあげてくださいね。せめて許さない自分を許してあげてください。

「許します。許します。許します。○○を許せない自分を許します」と言ってみてください。お時間があるときに（あなたのタイミングで）「許すということ」ジェラルド・G・ジャンポルスキー（サンマーク出版）という本をお読みいただけたらと思っています。

許せないと思っているあなたも、愛に包まれますように。

☆元氣アップ&やる氣アップの秘訣48

「許します。許します。許します」と言ってみる

12　悪いことを倍返ししないという発想

「倍返しだ！」への違和感

「許します」をオススメしたのですが、世の中では「倍返し」というキーワードが、流行ってい

るようです。２０１２年の流行語大賞にもなった「倍返し」。さらに２０２０年、またヒットしていますね。ドラマ「半沢直樹」の主人公の半沢直樹が、ひどい目にあったのち、その反撃を開始するときの決め台詞が、「やられたら、やりかえす。倍返しだ！」です。

悪や理不尽を徹底的にやっつけてスッキリするという心情でしょうし、悪いことをしている人には、必ずしっぺ返しが来るというところとしても人氣があるのでしょう。

ただ、私はこの「倍返し」というセリフには、ずっと違和感を感じています。「やられたらやり返す」ってなんだか寂しいなと思っています。「やられたらやり返す」が、今の時代の風潮なのかなと寂しい思いをしていたときに、私の友人の弁護士さんがこんなメッセージをくださり、すごく安心しました。

「私は争わないことを目指しています」

争わない生き方

そして、その弁護士さんが『ベテラン弁護士の「争わない」生き方が道を拓く』西中務著（ぱる出版）という本を薦めてくださり、すぐに読みました。

その本によると、言わなければならないこと、言うべきことは言って、目の前の方をよい方向に導いたり、氣づかせたり、時には自分を守ったりする必要はあるが、相手をやっつけようという発想は、実は運氣を落としてしまう考え方のようです。

裁判でも大勝ちをするとよいことがなく、相手に譲って少し負けるくらいのほうが、後味がよくて、その後の人生も運がよくなるそうなのです。

「なるほど、やっぱりそうだよな～」と思いました。私の大好きな小林正観さんも「そわかの法則」と「きくあの法則」という著書の中で、「そ」掃除「わ」笑い「か」感謝の重要性と、「き」競う「く」比べる「あ」争うことをいかに手放すかが、幸せのコツであることを紹介しています。

「倍返し」という言葉が流行ってしまうのが、私はイマイチわかりませんが、私は受けた御恩をしっかりと返していくことに力点を置いて生きていきたいです。

考えてみると、やられたらやり返すというのは、欧米の考え方ですね。私は、いただいだ「ありがたいこと」「よいこと」「嬉しいこと」を、それこそ倍にしてお返ししたい。

悪いことの倍返しはしない。

恩に対する「御恩返し」をしっかりしていく。

恩送り

日本では「恩送り」という言葉がありますね。「他の人から親切にしてもらった恩を、その人に返すのではなくて、別の人に返していく、渡していくこと」という意味です。

諸先輩からいただいている、ありがたい「御恩」を後世に伝えていくこと。先人たちが努力で培ってきたこの世の「恩恵」を後世に残していくのも「恩送り」でしょう。

「ペイフォワード」という映画があります。２００1年の映画ですね。もう20年も前の映画なのですね。社会科の授業で「もし君たちが世界を変えたいと思ったら、何をする?」という問いかけを受けた11歳の少年が、あるアイデアを思いつきます。

それが「よいことを3人につなぐ」ということです。よいことを受けた人はまた「よいことを3人につなぐ」のです。それを実践していくうちに、本当に世の中が変わってきます。素敵な映画でした。

よいことをつないでいくことに力点を置きましょう。

☆元氣アップ＆やる氣アップの秘訣49
悪いことの倍返しより「恩送り」

13　「ほめカード」でホット空間

言語化のハードルを下げる

「しおちゃん、私『褒める』とか『許す』とかなかなかできないの。言葉にするのってとても難しい」

このような悩みを抱える方は自分を責めないでください。実は「言語化」はハードルが高いです。

そんな方のために、ものすごく元氣アップしちゃう、もしくは自己肯定感が高まる、温かい氣持ちになる、とっておきのカードを紹介します。

それは「ほめカード」です。東京在住の初宮愛蘭さんと櫻井珠喜さんが開発してくれたカードです。お二人はラフターヨガのインストラクターでもあります。

カードには、愛にあふれるメッセージが書いてあります。

「あなたはそのままで喜びの存在です」

「お声が何とも言えず癒されます」

「あなたは祝福されています」

「生まれてきてくれてありがとうございます」

「そこにいてくれてありがとうございます」

「あなたには輝かしい未来が約束されています」などなど。

引いて読むだけで、驚くべき温かい空間に

カードは色々な使い方があるのですが、基本はそのカードを引いて、読むだけです。

ただ、それだけでいいです。

私がよく使う活用の仕方は、グループで輪になって、自分の左側の人に、カードを引いて読む。

それをぐるっと1周するというやり方です。1周しただけで、そこの空間は、とっても温かな空間になっています。言葉の素晴らしさ、愛のあるメッセージのエネルギーの高さを感じる瞬間です。カードに書かれている言葉はすべて違うのですが、なぜかその人にピッタリの言葉が選ばれるから また不思議です。

氣になる方は、「ほめカード」↓検索で調べてみてくださいね。

もちろん、このようなカードは自分でもつくることができます。自分の好きな言葉を集める、名言を集める、大好きなセリフを集める、自分が元氣アップしちゃう言葉を考えるなど、色んなやり方で、あなただけのカードを作成するのも素敵ですね。

> ☆元氣アップ＆やる氣アップの秘訣50
>
> 「ほめカード」を読んで、褒めてみる

14　称賛の力～とっておきの男子の伸ばし方

「鬼滅の刃」に学ぶ親子関係とパートナーシップ

今、大人氣の漫画「鬼滅の刃」はご覧になりましたか。私は大ファンです。

主人公の炭治郎が、鬼なってしまった妹を人間に戻すために、剣士たちと共に戦い、成長していくというストーリーです。大正時代の日本が舞台です。映画も大ヒットしてますね。

現代人が忘れかけている日本人の強さと美しさを、これほどまでに描いた作品はないと思っています。私はこの漫画の大ヒットが嬉しい。そこに描かれる登場人物の「生きざま」にしびれる人がたくさんいるという日本に、希望を感じるから。

魅力的なキャラクターの中で、私が一番好きなのはレンゴクさん（煉獄杏寿郎）です。

大好きなシーンがあります。レンゴクさんが、鬼の実力者アカザ（猗窩座）との戦いの中で、瀕死の重傷を負いながらも、お母さんの教えを回想するシーンです。

母は病床でレンゴクさんに問います。そして教えます。

「なぜ強く生まれたかわかりますか？」「弱き人を助けるためです。弱き人を助けることは、強く生まれたものの責務です。責任を持って果たさなければならない使命なのです。決して忘れることのないように」と。そして母は、教えの後に「強く優しい子の母になれて幸せでした」とレンゴクさんを抱きしめます（ううっ…ダメだ。私、この文章打ちながら泣いてます）。

「母上、俺のほうこそあなたのような人に生んでもらえて光栄だった」と急所をえぐられたまま鬼のアカザを離しません。あーー。レンゴクさん。

これが称賛の力。

母の称賛が、感謝の氣持ちと「俺は俺の責務を全うする！　ここにいる者は誰も死なせない！」

というレンゴクさんの使命感を育てています。

「鬼滅の刃」の何が素晴らしいかって、「家族愛」がしっかりと描かれているところです。

そして、家族愛だけでなく、パートナーシップやリーダーシップもです。

レンゴクさんを死に追いやった鬼のアカザも、人間時代は1人の女性を愛した一途な男でした。

いろんな「生きざま」が詰まっている「鬼滅の刃」。人材育成、管理職研修の教材としても優れたものと思っています。実際に笑華尊塾でも、教材として活用しています。

まだ見ていない方は、ぜひご一読を！

男子を伸ばすコツ

最後に、男の子に限ったお話をします。本書を読んでくださっているのは、お母さんが圧倒的に多いかと思います。

「男の子がどうもわからない」

「謎すぎて引くわ……男の子の行動」

しっかりしたお母さんと、やんちゃな男子の組み合わせで、悩まれているお母さんもいますね。

第５章は、特にお母さんが輝きますように願いを込めて、メッセージを送らせていただきました。

お母さんが輝くと、子どもも、旦那様も、そのお母さんの言うことを聞きたくなります。大好きなお母さんの笑顔をたくさん見たいのです。

ですから、お母さんは、お子様に、旦那様にどんどん好かれてください。

そして、男の子の伸ばし方にコツが2つあります。
・男子を「察することができない生き物」だと知ること
・男子を「称賛」しちゃうこと

女性は優秀

女性は男性よりもはるかに優秀な生き物です。

本書を手に取っていただいているあなたは、その優秀な女性たちの中でも、さらにトップレベルの方々です。魂レベルも高く、運氣も、子育てのチカラも、美しさも（見なくてもわかります・笑）兼ね備えたスペシャルな方でございます。

女性たちは、命が誕生したときから、自分を進化、修正をさせて、世の中に適合させ、そして、次の世代へと命をつないできました。それが、ずっとつながって生きております。本当にありがとうございます。

私は、世の中の女性たちに感謝しかありません。その優秀な女性の皆様には「察する」という特殊能力が備わっております。

そして、申し訳ありません。男子代表であなたにお詫びするとともに、ご理解いただきたいのですが、男性には、「察する」能力は備わっておりません。男子は、氣がつくことができない残念な生き物なのです。

ごめんなさい。ごめんなさい。ごめんなさい。

今、ひたいを床にこすりつけながら、キーボードを打ち続けております。

極めてまれにその「察する」という特殊能力を、身につけることのできる特別な男性がおります。非常にできるタイプです。ガンダム的に言うと「ニュータイプ」でしょう。

察することのできる男子は世界遺産級

もしも察することのできる男子が、お子様や旦那様にいたとしたら、それはもう世界遺産レベルで貴重で超優秀な存在です。

あなたの身近に世界遺産があると思って、大事に、大事にしてください。ちなみに、カリスマホストと言われる方たちは、見た目の美しさとともに「察する力」を卓越させた男性たちです。

男性が察することができない生き物とご理解いただけたら、今後、人生は非常に前に進みやすくなります。お母さんのイライラは「なんでわかんないわけ？　できないわけ？　察して動いてよ！やってよ！」という場合が多くあります。

男子がそれをできない生き物だと、お母さんが悟った（「察してよ」を手放した）ご家庭から、負のエネルギーが減少し、いろんなことがうまくいきはじめるのです。

称賛のエネルギー

次に、可能な限り、男子に称賛のエネルギーを送ってください。

「なんか、しおちゃん虫のいいことばかり言ってない？」と思われたあなた。すみません、優秀なあなたの力が必要なのです。力を貸してください。

男子は正論では動きません。いえ、動けないんです。

ただ、愛している人から称賛されると、その人の言うことをよく聞くようになるのです。男性の才能を開花させるのは、女性の称賛なのです。

今、私は科学的データに基づかないことを言っています。「男の子への称賛と天才の関係」とかの論文は見当たりません。

ただ、科学的なデータはないかもしれませんが、天才たちの母親が、極めて称賛を送り続けたという記述は多く残っていますね。

また、仕事のできる男たちの陰に、非常に美しくてできる奥様がいらっしゃるという伝説もございます。男は支えが必要な生き物です。そして、強く優秀な女性は、実は自分ひとりでも生きていけるようです。

パートナーの死別後に死亡率上がる男性、女性は案外へっちゃら

ちなみに、パートナーが亡くなった後に死亡率が上がるのはやはり男性です。これはいくつかデー

タが出ております（２０１１年の東大の近藤尚己教授の論文「Widowhood and Mortality」、パートナーとの死別後の死亡率が男性は23％、女性は４％増加する）。

冷静になって、今一度、自分の夫や男の子を見てみてください。

優秀な女性が、優秀ではない男性の欠点を突いたところで、新たなエネルギーは生まれてきません。女性の正論は正しいです。男性にはそれを反論する力もありません。暴力など振るう方は、極めて弱い男性だったりします。

どうぞ、自分の旦那様と男の子に対して称賛を実践してみてください。それを毎日続けていると、旦那様も男の子も、めちゃめちゃ元氣になっていきます。そして、元氣になるだけでなく、いつのまにか、あなたの言うことをよく聞くようになります。

おじいちゃんにも称賛を

おじいちゃんもそうです。

身近な女性たちから、「おじいちゃん臭い」「だめねぇ」「じゃまなのよ」とか言われていると、心も体も壊れていきます。さらに、もっと厄介な存在となっていきます。

でも「おじいちゃん、その白髪ステキ！」「じじスゴーイ！　かっこいい」「じじのおかげで助かる～！」なんて言われ続けると、どんどんやる氣が出てきます。「じゃあ、ちょっとトイレくらい自分で行けるようになろうか」となってくるのです（笑）。

女性ももちろん、誰かから褒められたら、もっと美しくなっていくことでしょう。男は、褒めてくれる人がいないと、力を失っていくのです。

すみません。何度も謝ってしまいますが、本当に男ってだめな弱い生き物でございます。

そのことが理解できると、男女の関係が、あっというまに良好になってまいります。

称賛されていくうちに、本当に称賛に値する男に成長する単純さ

そして、男は褒められたり、称賛されているうちに、本当に称賛に値する男に成長していきます。

そうなった男たちは、突き抜けていきます。世の中を変えていきます。

これから激動の世の中で、パートナーシップが非常に重要になっていきます。自分の力を信じて、「強み」を活かして世の中に貢献できる人間が増える必要があります。そうでないと日本は滅びてしまいます。

男女がよさを認め合って、力を活かしあっていく。優秀な女性たちが、男子の力を引き出しながら楽しく生きていく。女性の称賛を受け続けた男子は、チマチマした感覚になりません。

私はもちろん、男女は人間としては等しく平等だと思っております。しかし、男女の違いをしっかりと認めることも、とても大事なことと思っています。優秀な女性がどんどん社会で活躍してほしいと思っていますし、素敵な恋愛をして、家庭を築き、次の世代へ命をつなげて欲しいとも思っています。

旦那の帰りを迎える称賛イメージ

もしも旦那さんがお仕事から帰ってきて、家で「おかえりなさい」と迎える場面があるとしたら、こんなシーンを妄想していただけたら。

場所は港で、旦那さんは船で帰ってくる感じです。旦那さんの頭の中は、こんな感じです。『愛する家族を、そして国を守るために、命をかけて海を渡り、そして無事に帰ってきたぜ。港では、国民たちが旗を振って、私たちの帰りを歓迎してくれている。この故郷があったからこそ、私はこの荒波を乗り越えられた。今は愛する家族に早く会いたい』

BGMには2001年宇宙の旅でも有名な『ツァラトゥストラはかく語りき』がかかっています。「桃鉄（ももてつ）」いうゲームを知っている方は、目的地について、町が皆で到着を歓迎してくれているあのシーンを思い出してください。

自分の帰りを待ってくれていて、超歓迎ムードで「おかえり！」と言ってくれるそのシーン！いつもでなくていい。たまにでいいのです。男って単純で、そんな「おかえり！」で頑張れちゃう生き物です。

目に見えない力を味方にできる民族

女性は非常に優秀ですので、もちろんお仕事もできちゃいます。女性がやったほうがうまくいくお仕事もたくさんありますね（笑）。

ただ、日本の、そして世界のこれからを考えると、男性と女性が力を合わせていくことが大事ですね。男子も女子も、それぞれの素晴らしさを発揮して生きていく。結ばれ、子どもを設けて、ともに成長しながら生きていく。日本人の高い精神性が、世界をリードしながら、地球を守っていく。

私は、これから科学的根拠がなくても、効くものは効くし、どんどんよい結果が出てくると思っています。日本人は「肌感覚」でキャッチする力を持つ民族、「目に見えない力」を味方にできる民族であると、信じております。

最後に、男性の皆様にメッセージを。

仲間の夫婦円満サポーターはーちゃん（日野葉月さん）が伝えてくれた、男性（夫）が家庭でやるべきたった1つのこと。

「奥様を『笑顔』にすること」

男子のみんな！　私たちのやるべきことは、嫁さんを（パートナーを、女性を）笑顔にすることだぜ！　と叫びながら、私はおそるおそる、嫁さんの顔を見に行きます（笑）。

※参考「楽しい子育て」小林正観（学研）

☆元氣アップ＆やる氣アップの秘訣51

女性は男性に称賛を、男性は女性を笑顔にする

第6章　小中学生の成績の上がる勉強のやり方とは

1　勉強嫌いになる理由と勉強ができない理由

勉強ができなくても魅力ある生徒さんは大勢いる

私は、現在、北海道で小中学生向けの学習塾を展開しています。そして、その前は公立高等学校で15年勤務、さらに発達障がい含めコミュニケーションの苦手な学生たちの担任・就職担当を2年務めておりました。

20年以上の教育に関する研究の中で、見えてきたことは、まずは学校の勉強ができなくても、魅力のある生徒さんたちがたくさんいるということです。実際、学校の勉強は苦手だったけど、社会に貢献する素晴らしい生き方をしている方がたくさんいますね。

ただ、「学力をアップさせたい」というニーズもあります。「学校の勉強」というツールを通じて、たくさん成長することができるのも事実です。

この章では、成績が上がる勉強のやりかたを紹介していきます。

勉強が嫌いでできないのは

どうして子どもは勉強嫌いになるのか。

子どもが勉強嫌いになる理由は「大人に押しつけられること」と「わからないこと」です。

だから、子どもが勉強を好きになるためには、勉強を押しつけないようにしてください。そして、わかるようにしてあげることが必要なのです。どうしても、大人は押しつけてしまいがちになってしまいます。

さらに、勉強ができない理由は、大きく４つに分けられると思っています。お子様が、①〜④のどこかできていて、どこでつまずいているか、まずは現状を把握してみましょう。

①基礎学力がない

中学生の勉強では、小学生の段階で身につけなければならないところが抜けていると、解けない問題がたくさんあります。特に数学などは顕著で、わからなくなったところまで戻って学習するという地味な学びが必要になってきます。

②勉強のやり方がわからない

行動科学マネジメントという視点では、人がよい結果を残せない理由は、次の２つのどちらかしかないと考えられています。

（１）やり方がわからない
（２）やり方はわかっているけど続けられない

そして、今の学習状況が（１）の段階なのか（２）の段階なのかを自分で確認する必要があります。

そもそも「何がわからないかが、わからない」という生徒さんもいます。どこかわからないかを尋ねると、「全部」と言っちゃうタイプのお子さんもそうです。ほとんどが、（１）でつまずいており、逆に言うと（1）を整理すると、成果が期待されます。

正しいやり方を理解できないのもわかっていないと同様ですね。成果の出ない「我流」から脱却できないのも、わかっていないということです。

「正しい勉強法」を知り、「続ける」まで実践できるかということです。

③やる氣がない

そもそも勉強には興味がなく、今、興味があるとすればゲームくらい。勉強に対してやらされ感があり、やらなくてもいいならやりたくない。学校の勉強が嫌い。何のために学んでいるのかが、わからない状態です。

勉強のメリット・勉強しないことへのデメリットなどを把握しながら、勉強は好きではないけど、できるようになっちゃえたらいいですね。

学ぶことって尊いことで、学べることへの感謝、学び続けるエンジンを育てていく必要があります。また思い切って勉強以外の興味のあることをとことん強化して、特化できるくらいに極めてみるのもよいかもしれません。

④自信がない

劣等感を持っている。正しいやり方をやってみたけど成果が出なかった。自信がないから、失敗が怖い。

スモールステップで小さな自信を積み重ねていく必要があります。

2　小中学生の成績を上げる方法

嫌いの要素を小さく、勉強ができるやり方をマスターしていく

小中学生の成績を上げる方法は、勉強ができない理由の①〜④を探りながら、１つひとつ丁寧に整えていくのです。①〜④の逆をやるのです。

・基礎学力をつけていく。
・勉強のやり方を知る。
・やる氣を育てる。
・自信をつけさせる。

すべてが整わなくても、どれか1つでもぐんと伸びてきたときに、周りも引っ張られるようにうまくいくケースがあります。

基礎学力が付いたら、やる氣が上がってきた。勉強のやり方を知ったら、勉強する時間が増えて、自信がついてきた。何のために勉強するかを自分で考えたら、基礎の復習が面白くなってきたなどです。だから、すべてをいっぺんにではなくてもいいのです。少しずつ育んでいくという姿勢でいきましょう。

・基礎学力をつけていく

・勉強のやり方を知る
・やる氣を育てる
・自信をつけさせる

そして、この４つのすべてが加速してよくなる、とっておきの方法はすでに元氣アップ&やる氣アップの秘訣40で紹介させていただいたように『お母さんが安心する』ことでした。

今一度、親自身が「安心」して生活しているかを見直していきましょうか。そして楽しく「安心」を創っていきましょうか。

3 「私ってできる！」を育てる

自己肯定感が低いお母さん

「私自身が、自己肯定感がとても低いんです」というお母さんと会うことがあります。「こうでなければダメ」という価値観の親のもと、ダメ出しが多い中で育ったとしたら、そりゃ、なかなか自己肯定感って育ちづらいでしょう。

失敗が怖くて動けないのもそう。

そこで、人生を前向きに向上していくのに、必要な３つの「感覚」を紹介します。成績アップはもちろん、人生においても、成長につながりやすくなります。

自己肯定感・自己効力感・自己有用感

人生を前向きに向上させていく感覚は、この自己肯定感・自己効力感・自己有用感ですが、似ているし、ややこしいですね。

簡単言うと、3つの感覚はこんな感じです。

自己肯定感「私って存在していいんだ！」

自己効力感「私、なんだかできるかも、やってみる！」

自己有用感「私、役に立てて嬉しい！」

そして、イメージとしては次のように育っていきます

①自己効力感（挑戦する）

②成功しても失敗しても↑【適切なフォロー】

③しあわせアップ

④自己肯定感アップ

オーストラリアの社会心理学者ロイ・バウマイスター氏は、自己肯定感、そして成功や幸福、この2つは同時に高まるもので、どちらかというと成功の喜びや幸せを感じるほどに自己肯定感が高まる傾向が強まると報告しました。

つまり、自己肯定感が高い人が、成功や幸せを得られると長く考えられてきたのですが、そうではないということです。

4　自己効力感とは、失敗を恐れず挑戦し、幸せになる力

自己効力感とは

自己効力感とはカナダ出身の心理学者・バンデューラーが提唱したものですが、松村亜里博士の著書「子どもの自己肯定感を育む本」で紹介されている定義が一番しっくりきます。

その自己効力感の定義とは「失敗を恐れず挑戦し、幸せになる力」です。

似た言葉の自己肯定感がありますが、自己肯定感とは、自分のすべてをありのままに受け入れ「どんな自分も好き」と自分にOKを出せることです。

幸せを感じるとき、自己肯定感が高まります。自己効力感が高い人は、ただそれだけで、自己肯定感を高めることができるのです。

元氣アップ&やる氣アップの秘訣4で紹介しました「失敗を歓迎する」姿勢は、この自己効力感の向上にダイレクトに結びついていきます。

☆元氣アップ&やる氣アップの秘訣52

「私、やってみる!」を育てる

5　「ありのままでいい」は成長とセットで

ありのままでの拡大解釈

氣を付けなければならいのは、自己肯定感「ありのままでいい」の落とし穴です。

「アナと雪の女王」という映画が大ヒットしましたが、この主題歌は「特殊能力（魔法）を持ってしまった主人公が、みなと違った魔法が使える自分を認めていいんだ」というテーマがありました。

それが、社会的にも非常に未成熟、人間的に成長しようとせず、わがままで自分のことしか考えない人が「ありのままで成長しなくていいんだと」という残念な拡大解釈で、使われていることもあります。

「あなたのままでもちろん素晴らしいこと」は事実です。

でも、人として生まれてきた以上、何かしら使命があり、人間的成長をしていく必要があること。何らかの「成長」を視点に入れた上での、ありのままでいてねということです。

「私が私のままでいい」という氣持ちも大事です。自分が嬉しい氣持ちももちろん大事です。

大切なのは、あなたが成長することで、さらに誰かを笑顔にできること。あなたが、誰かのプラスになっていくという視点です。

それが「自己有用感」という視点です。

「ありがとう」をもらえて嬉しい！＝自己有用感

「自己有用感」とは「自己の存在が周囲から認められている、必要とされていると受け止める感覚」で、「私、誰かの役に立ってる！　嬉しい」という思いです。

自分が生きていることで、この地球にとってプラスの存在である視点を持つことができたら、目の前の小さな悩みが少しずつ消えていくかもしれません。さきほどの①～④の中に、自己有用感がミックスされるとさらに素晴らしい相乗効果を生みます。

①自己効力感（挑戦する）
②成功しても失敗しても
【＋誰かの「ありがとう」につながる↓誰かに喜ばれる＝自己有用感】
③幸せアップ
④自己肯定感アップ

②で自己有用感を感じることができたら、さらに幸せアップは大きくなりますね。自分のためにチャレンジするのも素晴らしいです。そのチャレンジが誰かの笑顔につながるとまた嬉しいです。しあわせの連鎖を起こしていく土台をつくっていきましょうか。

☆元氣アップ＆やる氣アップの秘訣53

誰かに喜ばれると嬉しい！　経験を増やす

6　読書量と学力の関係

人物をつくる３条件

心学研究科の小林正観さんは著書や講演の中で、人物をつくる３条件を、お釈迦様の言葉として紹介しています。

その３条件とは「貧乏」「読書」「母親の感化」です。

正観さんの子育て論はシンプルです。子どもを親の思い通りにしようとしない。子どもの芽を摘まず、そのままほめて、愛する。「き（競う）・く（比べる）・あ（争う）」を手放して生きていく。楽しい子育ては、楽しい自分育て。正観さんは、自分に甘く、人には大甘でいきましょうという素敵なメッセージも残してくれていますが、その正観さんが、人物をつくる３要素の「読書」を強調されていることに、私は注目しています。

そして、学力と読書の関係については「本の読み方で学力は決まる」川島隆太（監修）松﨑泰・榊浩平（著）において、『どんなに勉強しても、読書週間がないと平均以下の成績になる』という研究結果が報告されています。

また、この研究は小中学生４万人のデータをとっておりますが、勉強時間、読書時間が多くなったとしても、睡眠が不足すると、記憶の定着が起こらず、学力に結びついていないというところもポイントかと思います。

成績上位層の最適な勉強・読書・睡眠の組み合わせとして、次のデータが参考になると思います。

【小学5・6年生】
勉強1時間
読書1時間
睡眠8時間以上

【中学生】
勉強2時間以上
読書1時間未満
睡眠6〜8時間

私は本が大好きで、本に救われていることがたくさんあります。

そして、親が、先生方が、身近にいる大人が、本の楽しさや素晴らしさを、どんどん伝えて欲しいなと、いつも思っています。

☆元氣アップ&やる氣アップの秘訣54
「本って面白いよ!」とワクワクを伝える

7　童謡の可能性

童謡が生まれて１００年

兎追いしかの山　小鮒釣りしかの川
夢は今もめぐりて　忘れがたき故郷

（「故郷」作詞　高野辰之　作曲　岡野貞一）

私は童謡「故郷」を聞くと、なぜか涙がにじみます。

高齢者のみなさまとの「元氣アップ講演」などでは、最後に一緒に童謡「故郷」を歌うのですが、毎回、みなさまの歌声に感動で心震えます。ときに「故郷」を歌とともに手話でされている方もいらっしゃいます。

２０１８年は、童謡が生まれて１００年の年でした。日本の童謡第1号は「かなりや」という曲です。童謡誕生は、１９１８年（大正7年）に児童文学者の鈴木三重吉さんが創刊した児童文学雑誌『赤い鳥』に、詩人の西城八十さんが「かなりや」という詩を寄稿し、音楽教師の成田為三さんが曲をつけ、三重吉さんらがこの歌を『童謡』と呼ぶことにしたのがきっかけと言われております。

みなさんが童謡を歌えるのは、幼少期に父母もしくは祖父母がいたことが大きいでしょう。

これから１００年後、童謡は残っているでしょうか。

心の栄養を考えたときに、日本の素晴らしい文化「童謡」がもたらす効果ははかりしれません。温かで、優しくて、笑顔が浮かんで、ふるさとを感じさせる。そんなものなかなかありません。その要素が満ちあふれるのが、日本の童謡です。

童謡メンタルセラピー

長野大学の山西敏博教授が、童謡メンタルセラピーを考案し、被災地含や高齢者施設など、多くの場で心を癒し続けております。また、山西教授のもとで、その「童謡メンタルセラピー」のメソッドを学んだ童謡メンタルセラピストたちも、童謡が持つ素晴らしさを伝えながら、たくさんの心と寄り添っております。

今後、意識して残していきたいものの1つが「童謡」です。

次世代に歌い続けたい「童謡」を一緒に歌いませんか。

山西教授と塩谷の共著ですが『童謡で絶対元氣になれる！心揺さぶる「童謡メンタルセラピー」とは』（ユナイテッドブックス）もお読みいただき、残したい日本文化を一緒に感じていただけたらありがたく嬉しいです（セラピーとしても活用できる素敵な童謡ＣＤもついています）。

☆元氣アップ＆やる氣アップの秘訣55

素晴らしい日本の「童謡」を歌い伝える

おわりに

伝えたいのは「大丈夫ですよ」

私の教員生活は「話しかけんな！」「キモいんだ！　近づくな！」から始まりました。

今から25年前、念願かなって北海道の公立高等学校の体育教師になりました。「高校野球の監督として甲子園に出場する！」という夢と希望にあふれていた初任校のはじめに、私を待っていたのは生徒たちからの洗礼でした。

教員スタートの学校は、年間の生徒指導事故100件を超える学校（簡単に言うと1年に100人が停学になる学校）で、暴力と器物破損が横行してしまうような学校です。学年2クラスしかない小さな学校で100人が停学になります。飲酒・喫煙・万引きくらいでしたら、「あ、かわいいな」と思ってしまう、感覚が少しずつマヒしていくのを感じていました。

「話しかけんな！」は、職員室の壁を蹴っ飛ばす女子生徒を注意したときに、「近づくな！」は、職員室のイスに座り、書類を見ている女子生徒を注意したときに返ってきた言葉です。

そのときから私の戦いが始まりました。毎日のように怒鳴りまくっていました。そして、全くうまくいきませんでした。「体育教師としてなめられてはいけない」と意氣揚々と授業や生徒指導に臨むのですが、ことごとくうまくいきません。しまいには、体育の授業なのに、整列させることすらできず、「シオヤの授業なんかうけてられっか」と授業をボイコットする生徒たちも出てきました。

当時、学校を守っていた、もう1人の体育教師I先生がおりました。I先生がいてくださり本当によかったと何度思ったか数え切れません。生徒指導部長のI先生の言うことは、生徒たちも聞きます。「すごい先生だなぁ」と憧れていたI先生が、体育教官室で、私にいろんなことを教えてくださいました。その中でも特に響いている言葉があります。

「塩谷先生、信頼関係だよ。信頼関係ができなかったら、何やってもダメだよ」という言葉です。ただ、私はその信頼関係が全然つくれませんでした。ずっと悩んでおりました。そして、私は信頼関係どころか「オマエラわかってないな。いい加減にしろよ。氣がつけよ。変われよ！」と生徒が変わることばかりを考えて行動していたのです。

今考えると、傲慢で一方的で、生徒たちの話を聞けなくて、説教ばかり長い教師。生徒たちのやる氣をなくしてしまう本当にダメな教師でした。「オマエラ変われーっ」って思っていたのですが、一番変わらなければいけないのは、そう、私自身だったのです。

本当に未熟で、当時のことを思い出すほど、とても恥ずかしいです。

ただ、若さゆえですね。勢いだけはありました（笑）。全然うまくいってないくせに、教員2年目のときに「担任をやらせてほしい！」と担任に立候補します。ただ、その学校が若い教職員集団でしたので、私のような男にもチャンスを与えてくれました。そして、そのときに、今でも尊敬する校長先生が赴任してくれたのです。

「生徒も先生方も安心して学べない。こんなの学校じゃない！　学校改革だ！」と学校改革が始りました。

そして、その校長先生のリーダーシップのもと教員集団が、大人たちが本氣でチーム（1つ）になっていったときから、生徒たちが変わり始めるのです。チームで動くことの大切さ、そして生徒を変えるのではなくて、自分たちが変わっていくことの重要性が身に染みてわかりました。

私は失敗だらけでした。そのすべての失敗経験が、今となっては宝物の経験です。「失敗」など存在すらせず、すべて必要な学びの経験であったと、今なら思えます。

私が卒業生を出す年は、100件を超えていた生徒指導事故は4件となっていました。学校はものすごく落ち着き、地域からも評価され、期待されるようになっていきました。

相手を変えるのではなくて「自分」がまず変わる。

そのことに、氣が付いたときから、少しずつ変化が生まれていくのです。

それから、ずっと「教育」の研究が続いています。もちろん今でもまだまだ研究中です。私も2児の父(高校2年生の娘と小学校6年生の息子)であり、わが子ほど難しいことも痛感しております。

高校の現場に15年勤務した後に、私は退職しました。多くの方々から「教員というか、公務員を辞めるの!?」と反対されました。また、私の父は「嫁さん専業主婦で、小さい子ども2人いて、教師を辞める？　オマエ頭おかしくなったんじゃないか？」とも言われました。決して嫌でやめるわけではなく、大好きな教員の仕事を辞めると言っているのですから「頭がおかしい」と言われでもしょうがないと思っていました。ただ、私の中では完全にスイッチが入っていて、誰から何と言われようと、退職して次のステージへと決めてしまったのです。

これからは心の時代で、あらゆる角度から心についてアプローチしていきたい。閉鎖的と言われる教育現場をもっとフットワークを軽くアプローチしていきたい。このように強く思い、心の塾「笑華尊塾（しょうかそんじゅく）」を立ち上げます。大尊敬する吉田松陰先生は「松下村塾」で塾生たちの心に火を灯し続けました。私も、そんな心の塾を創ることを目指しています。

フリーで講演・研修講師をしていると、専門学校から「専任講師として就職担当・担任をやってほしい」との依頼がありました。その学科は、発達障がい含め、コミュニケーションの苦手な学生たちを受け入れて就職へと、全国ではじめて発達障がいの学生たちを専門学校で受け入れた学科でした。私はそこで2年間講師をやらせていただいたのですが、障がい者手帳をもつ学生たちと過ごす時間は、大変貴重で学びの連続でした。

当時クラスには、ＡＤＨＤ、アスペルガー、場面緘黙、うつ、社交性不安障害、筋ジストロフィーなど、障害者手帳を持つ学生たちが9割です。学生たちはとてもピュアです。その心に寄り添える人が1人でも職場にいたら乗り越えられることがあります。コミュニケーションにコンプレックスを持つ学生たちが、どんなことに生きづらさや、困り感を抱えているのか、毎日学ばせていただくとともに、障がいのある方の就労も、私の中の研究テーマに加わりました。

『教育とは流れる水の上に文字を書くような儚（はかない）いものだ。だが、それを岩壁に刻み込むような真剣さで取り組まなくてはいけない』

大尊敬する森信三先生の言葉です。私のベースにあるのは、森信三先生の哲学です。そして、学べば学ぶほどシンプルに「笑い」が重要であると思っています。

みなさん！　特に、本書にたどり着いてくださるようなあなた！

大丈夫、大丈夫、大丈夫ですよ。

本来、私たちの人生において、否定的なものや、ネガティブなものは1つもありません。大丈夫。すべてうまくいっています。すべて順調な学びです。

今後も楽しく学んでいきましょう。

さて、最後になりましたが、本書が生まれるにあたって私をサポートしてくださった多くの方に心よりお礼申し上げます。

有限会社イー・プランニングディレクター　木村　修　様、セルバ出版様。笑華尊塾の保護者の方々や生徒さんたち。笑華尊塾を応援してくださるみなさま。いつも私を支えてくれている家族。私を育ててくれた両親。命をつないでくれたご先祖様。そして、この本を手にしてくださり、最後まで読みいただいたあなた、本当にありがとうございます。

みなさまが、愛と光につつまれますように。

塩谷　隆治

著者略歴

塩谷　隆治（しおや　たかはる）

1972年生まれ。弘前大学教育学部卒業。

講演・研修講師。小中学生向け学習塾「笑華尊塾」塾長。

高等学校の保健体育教師として15年勤務。2011年に教員を退職し、心の塾「笑華尊塾」を立ち上げる。「元氣アップ」をテーマとした講演・研修・講座を展開（年間約180本）。専門学校にも勤務し、発達障がい含めコミュニケーションの苦手な学生たちの担任・就職を担当（就職決定率100%）。障がいのある方の生きがい・働き方についても研究を進める。

薬物依存症のリハビリ施設「とかちダルク」の元氣アップサポーターとしても活動中。

障がいがあろうとなかろうと、笑顔で暮らせる優しい社会を目指して「しあわせを連鎖させていくこと」を使命としている。

著書に「童謡で絶対元気になれる！心揺さぶる童謡メンタルセラピーとは」（ユナイテッドブックス）

親子de元氣アップ
～やる氣スイッチが勝手に入っちゃう秘訣

2020年12月9日　初版発行

著　者　塩谷　隆治　© Takaharu Shioya
発行人　森　　忠順
発行所　株式会社 セルバ出版
〒113-0034
東京都文京区湯島1丁目12番6号 高関ビル5B
☎ 03（5812）1178　FAX 03（5812）1188
http://www.seluba.co.jp/
発　売　株式会社 三省堂書店／創英社
〒101-0051
東京都千代田区神田神保町1丁目1番地
☎ 03（3291）2295　FAX 03（3292）7687

印刷・製本　モリモト印刷株式会社

Printed in JAPAN
ISBN978-4-86367-626-8